基于区块链的新型金融基础设施

——理论、实践与监管

姚前◎著

中国金融出版社

责任编辑：肖　炜　董梦雅
责任校对：孙　蕊
责任印制：陈晓川

图书在版编目（CIP）数据

基于区块链的新型金融基础设施：理论、实践与监管/姚前著．—北京：中国金融出版社，2021.3

ISBN 978-7-5220-1064-9

Ⅰ.①基…　Ⅱ.①姚…　Ⅲ.①区块链技术—应用—金融市场—基础设施—研究—中国　Ⅳ.①F832.5-39

中国版本图书馆 CIP 数据核字（2021）第 037729 号

基于区块链的新型金融基础设施——理论、实践与监管
JIYU QUKUAILIAN DE XINXING JINRONG JICHU SHESHI：LILUN、SHIJIAN YU JIAN-GUAN

出版
发行　　**中国金融出版社**

社址　北京市丰台区益泽路 2 号
市场开发部　（010）66024766，63805472，63439533（传真）
网上书店　www.cfph.cn
　　　　　　（010）66024766，63372837（传真）
读者服务部　（010）66070833，62568380
邮编　100071
经销　新华书店
印刷　北京市松源印刷有限公司
尺寸　169 毫米×239 毫米
印张　14.75
字数　185 千
版次　2021 年 4 月第 1 版
印次　2021 年 4 月第 1 次印刷
定价　58.00 元
ISBN 978-7-5220-1064-9
如出现印装错误本社负责调换　联系电话(010)63263947

序　言

"区块链技术应用已延伸到数字金融、物联网、智能制造、供应链管理、数字资产交易等多个领域。目前，全球主要国家都在加快布局区块链技术发展。我国在区块链领域拥有良好基础，要加快推动区块链技术和产业创新发展，积极推进区块链和经济社会融合发展。"

——习近平总书记在主持中央政治局第十八次集体学习时的讲话

1606 年 9 月 9 日，目前世界上可查证的最古老股票由荷兰东印度公司发行。它印在纸上，上面有投资人名册、发行人、金额等信息，还有相关人员的签名。这是股东权益的一纸契约，立字为据。

纸质证券的缺点在于，证券交收需要纸质移动，涉及印制、储藏、运输、交付、盖章、背书等一系列操作，步骤多，流程长，效率低。随着证券交易量迅猛增长，纸质证券交收越来越"力不从心"，终于在 20 世纪 60 年代末爆发了证券史上的纸质作业危机（Paperwork Crisis）。1968 年，纽约证券交易所日均股交易量达 1600 万股，是 1950 年的日均 200 万股的 8 倍。缓慢的交收处理速度导致大量订单未能及时交割。纽约证券交易所不得不缩短每日的交易时间，并在每星期三休市一天，以处理积压的纸质文件。

为解决纸质作业危机，欧美证券业建立了中央证券存管（Central Securities Depository，CSD）制度和证券名义持有制度，通过多层级的第三方簿记形式，实现纸质证券的非移动化交割，使证券交收效率大幅提升。但证券仍以纸质为主，与纸质证券有关的成本、风险和效率问题依然存在。

20 世纪 80 年代末，计算机存储和通信成本大幅下降，证券无纸化方真正成为可能。证券从发行环节开始，就可用电子账簿记录代替纸质凭证，全业务流程采用高效的电子化处理。1989 年，澳大利亚开展证券无纸化改革。1992 年、1995 年和 2001 年，英国先后发布三份《无纸化证券法》推进证券无纸化改革。其他类似国家还有芬兰、挪威、爱沙尼亚、拉脱维亚、立陶宛等。我国资本市场在 90 年代初建立时也实现了证券全面无纸化，处于国际领先地位。

信息技术进步不仅对后端的证券登记结算产生深远影响，而且推动了前端的证券交易技术、工具、手段、机制的深度变革。在很长时期，证券交易所主要采用在交易大厅喊价和手势的方式进行交易，而现在已基本采用计算机系统自动撮合交易。信息技术的应用催生了首个完全采用电子化交易的市场：纳斯达克股票市场，同时还使证券交易呈现出电子化、网络化和多元化趋势。20 世纪末，非传统的完全基于信息技术的证券交易撮合系统发展迅猛，使传统证券交易所的市场占有率不断下降。以 2017 年为例，纽约证券交易所与纳斯达克股票市场所占的市场份额仅为 13.3% 和 14.1%，暗池（Dark Pool）、电子通信网络（Electronic Communication Network，ECN）等另类交易系统（Alternative Trading System，ATS）占据主要比重，成为美国证券交易的主流场所。

电子化交易还进一步推动了程序化交易、量化交易、高频交易等各类基于计算机算法的先进交易手段。对于交易者而言，先进信息技术已是必备武器，甚至展开"军备竞赛"。2009 年，为了将订单传输速度缩至 14.65 毫秒，高频交易公司花费 3 亿美金专门铺设了一条 1300 公里光纤线路，将芝加哥南部的数据中心与新泽西北部的股票交易市场连接起来。

有人说，如果证券无纸化、电子化业务处理是信息技术带来的第一次金融市场基础设施革命，那么证券数字化、去中心化业务处理则将可能是新一代信息技术带来的第二次金融市场基础设施革命。

此间的新一代信息技术更多指区块链技术。区块链技术发端于2009年开始的全球数字货币浪潮，但对金融的影响却已远远超出数字货币领域。从根本上讲，它创造了一种新型的价值登记和交换技术，是账本技术继电子化之后的又一次重大飞跃。

国际《金融市场基础设施原则》（Principles for Financial Market Infrastructures，PFMI）定义的金融市场基础设施（Financial Market Infrastructure，FMI）包括中央证券存管（CSD）、证券结算系统（Securities Settlement System，SSS）、中央对手方（Central Counterparty，CCP）、支付系统（Payment System，PS）和交易报告库（Trade Repository，TR）。它们所提供的证券登记、清算、结算功能，均采用第三方簿记形式，由CSD、SSS、CCP、PS等中心机构在中央服务器上对证券账户或资金账户的余额计增计减，从而完成证券和资金的转移。

而在基于区块链的新型金融市场基础设施，钱包地址取代了账户，客户无需在特定的中心机构开户，其私钥在本地生成，非常隐秘，然后从中导出公钥，再变换出钱包地址，相当于自己给自己开账户，这是首要不同。其次，分布式账本取代了中心账本。客户每个人都有一个账本，大家一起共有、共享账本信息。账本就像证券市场的信息披露，公开、透明、可追溯，每个人都能检测、验证账本信息。而且所有人都可参与记账，成为记账人。再次，在价值形式上，未花费的交易输出（Unspent Transaction Output，UTO）取代了账户余额，这是经公众一致同意后的价值索取权，而不是第三方账簿记录的数目。最后，在解决价值转移的"双花"问题上，共识算法取代了第三方背书，它利用经济激励相容设计，解决了在没有可信中间人的情况下的造假问题。

在纸媒时代，证券的形式是纸质凭证，立字为据；在电子化时代，证券无纸化，以第三方电子簿记为据；在数字时代，证券的形式则是可信数字凭证，立"数字"为据，笔者将其称为数字证券。它不依赖第三方，数字证券分布式账本本身就是 CSD、SSS，是天然的交易报告库（TR），甚至可以是 PS。除了证券登记结算，还可应用智能合约技术，在数字证券分布式账本上将目前的证券交易和 CCP 的业务逻辑编成代码，用算法实现，从而在链上直接开展去中心化资产交易和中央对手方清算。这是全新的可以融合证券交易、CSD、SSS、PS、CCP、TR 为一体的金融市场基础设施。

目前还很难论断，基于区块链的新型金融市场基础设施是否一定比传统的金融市场基础设施更具有优势，至少在性能方面争议不断，即便它作为一种新兴技术模式，还处于发展阶段，但不可否认的是，它确实提供了一种完全不同于中心模式的金融市场基础设施技术方案。

在某些方面，它的优点显著，比如系统的抗攻击性和稳健性。当发生节点故障时，只要共识算法所必需的节点能够运行，则区块链系统的可用性不会受到影响。无论系统宕机时间长短，验证节点都能恢复。相比于中央服务器的单点失效风险，区块链系统更具有优势。近几年来，因黑客攻击或技术故障，交易所交易系统宕机时有发生，如多伦多证券交易所、东京证券交易所、新加坡交易所、孟买证券交易所、纳斯达克交易所等。最严重的一次是 2020 年 8 月新西兰证交所连续 5 个交易日遭遇网络攻击，交易多次被迫临时中断。而完全开放和"裸露"的比特币网络系统自 2009 年起运行至今尚未因网络攻击而宕机。

又如系统的开放性和普惠性。传统的金融市场基础设施不仅封闭，而且分割，"以邻为壑"，信息交互效率低，成本高。基于区块链的新型金融市场基础设施则不受传统账户体系和封闭网络限制，具有更强的金融普惠性，并可以在同一个网络连接各方主体，集成各项金融市场基础设施功能，具有统一、无缝、泛在、普惠的特点。它可以在零售、跨境、场外等分割程度较高、痛点比较显著的场景发挥积极效能。

总的来说，在数字化技术的手段下，基于区块链的新型金融市场基础设施不仅可行而且可控，监管也可以做到更加精准。因此，它是规范的。区块链账本不易伪造，难以篡改，且可追溯，容易审计，所以它又是透明的。同时它使金融服务变得更加自由开放，更有活力。而且它还基于可信技术，容错性强，更有韧性。因此，它是符合"规范、透明、开放、有活力、有韧性"五大标准的新型金融市场基础设施，潜力无限，前景可期。

基于区块链的新型金融市场基础设施已经引起证券业的广泛关注。比如，澳大利亚证券交易所计划采用基于区块链技术的系统取代现有的电子结算系统。瑞士证券交易所提出建立基于区块链技术的数字资产交易所（SIX Digital Exchange，SDX）。美国证券存托与结算公司（DTCC）开展了基于区块链的证券回购交易后处理试验。德国的国家区块链战略则提出从数字债券入手，推动基于区块链技术的证券发行和交易。但与"如火如荼"的全球数字货币浪潮相比，证券业对区块链技术的应用与探索略显"冷清"。

应该说，在证券业，基于区块链的新型金融市场基础设施探索才刚开始。该如何建设？不同证券品种的技术方案如何设计？相应业务流程和操作如何开展？关键点在哪？在具体场景如何发挥区块链技术的积极作用？传统金融市场基础设施机构是否将不复存在？新的角色是什么？新型金融市场基础设施的风险点在哪？该如何监管？……这些问题"模糊不清"。为此，需要一个系统、完整的理论框架指导基于区块链的新型金融市场基础设施的实践、探索与监管。这正是本书的目的。

与金融市场基础设施（FMI）相似的概念是金融基础设施（Financial Infrastructure，FI）。金融基础设施是指金融运行的硬件设施和制度安排。根据2020年3月中国人民银行、国家发展改革委、财政部、银保监会、证监会、外汇局六部门联合印发的《统筹监管金融基础设施工作方案》，纳入统筹监管范围的中国金融基础设施包括金融资产登记托管系统、清算结算系统（包括开展集中清算业务的中央对手方）、交易设施、交易报告库、重要支付系统、基础征信系统6类设施及其运营机构。相比较而言，金融基础设施的概念范围大于《金融市场基础设施原则》（PFMI）所定义的金融市场基础设施，既涵盖CSD、SSS、PS、CCP、TR等PFMI定义的金融市场基础设施范围，也包括交易设施、征信系统等基础设施。因此，本书除了研究基于区块链的新型金融市场基础设施（CSD、SSS、PS、CCP、TR），还研究了可信身份、数字征信以及去中心化金融（Decentralized Finance，DeFi）等更广义的数字金融基础设施。

本书共分为八章。第一章主要介绍框架构想与关键考量。先不改变现有证券交易和清算流程，仅在证券登记和结算领域上应用区块链技术，以此提出基本框架，进而不断扩展，将证券交易、中央对手方（CCP）清算以及支付系统（PS）功能集成至数字证券分布式账本，然后对券款对付、结算风险、交收期、流动性、隐私保护、性能等关键设计进行了深入研究。本章还讨论了传统金融市场基础设施机构的新角色。

第二章介绍基于区块链的跨境金融市场基础设施。目前跨境存托凭证业务存在效率与安全两难的问题。对此，本章提出基于区块链的新型存托凭证方案，展现了区块链技术在跨境金融市场基础设施领域的应用潜力。同时，以存托凭证为场景，以HTLC为基本技术思路，给出券款对付、券券对付、款款对付等各种价值交换的具体业务流程和操作。这些思路广泛适用于各种跨境交易以及涉及基础资产形态转换的基金、资产证券化、衍生品等证券品种。

第三章介绍基于区块链的场内衍生品金融市场基础设施。场内衍生品交易与现货交易不尽相同，有其特殊的制度安排，比如无负债日终结算、保证金制度、强制平仓等。本章在第一章和第二章的基础上，以 HTLC 为基本技术思路，进一步研究了期货、期权等场内衍生品如何在区块链技术框架下开展开仓、保证金日终结算、强制平仓、到期交割等各种业务操作。

第四章介绍基于区块链的场外金融市场基础设施。场外市场痛点比较明显，如登记碎片化、产品难以流转、信息交互效率低、市场不透明、难以穿透监管等。而区块链技术不仅与场外市场的去中心化或非中心化特征有着天然上的吻合，而且可以有效解决场外市场的痛点与难题。本章深入分析了我国债券市场、区域性股权市场、资管市场等场外市场存在的具体问题，并提出相应的基于区块链的解决方案。

第五章介绍基于区块链的场外衍生品金融市场基础设施。2008 年国际金融危机后的监管改革使场外衍生品的业务流程变得愈加复杂，带来了更高的业务压力。本章研究如何应用区块链技术解决场外衍生品业务本身以及因严监管而带来的压力，提出两个方案。一是基于区块链的 OTC 衍生品信息交互平台。二是基于区块链的 OTC 衍生品交易平台。由于场外衍生品合约具有条件支付或结算特点，因此可将其编写为智能合约，从而发展出"智能衍生品合约"。本章探讨了其具体实现思路和相关法律问题，并提出智能交易报告库的概念。

第六章介绍基于区块链的新型支付系统。传统支付系统（PS）存在痛点，尤其是在跨境支付领域。比特币的创新带来了全新的支付模式，引发全球大规模的数字货币实验，既包括私人数字货币，也包括央行数字货币。笔者创新性地提出"一币、两库、三中心"的央行数字货币原型系统设计、基于银行账户和数字货币钱包分层并用的双层架构、基于间接持有模式的央行数字货币方案。同时，笔者还深入研究了美国经济刺激法案初稿的数字美元计划以及欧洲中央银行的数字欧元报告，并从七个方面对央行数字货币研发的关键问题进行了思考与讨论。

第七章主要介绍可信身份、数字征信与去中心化金融。数字身份和数字征信是重要的数字金融基础设施。本章提出了基于区块链的可信身份体系以及基于区块链的不依赖特定机构、去中心化的新型征信模式——数字征信，并对去中心化金融进行了全面探讨。

第八章介绍基于区块链的新型金融市场基础设施监管。区块链技术没有改变金融市场基础设施的公共政策目标。基于区块链的新型金融市场基础设施仍须满足合规、安全、高效等要求。本章全面评估了《金融市场基础设施原则》（PFMI）对它的适用性，并着重分析了它的法律基础、链下治理以及系统安全。

希望本书能为我国新一代金融基础设施建设提供新的思路和有益的参考。因学识所限，书中难免存在疏漏和不足之处，敬请专家指正。

2020 年 9 月 1 日

目　录

第一章　框架构想与关键考量

作为新一代价值登记和交换技术，区块链技术最有可能在证券登记结算环节率先得到应用。即保持现有的证券交易和清算流程不变，前端依然由证券交易所负责交易，中央对手方（CCP）负责清算，而后端转化为基于区块链的新型证券登记结算系统。以此为基本框架，对现有金融市场基础设施格局的改变较小。

在此基础上做进一步的扩展。构建基于区块链的支付系统（PS），开展完全基于区块链的券款对付（DVP），并利用智能合约技术，在区块链上承载和自动执行证券交易、中央对手方（CCP）担保交收、风险管理等所有业务功能，从而建立融证券交易、登记、清算、结算为一体，基于区块链的新型金融市场基础设施。

券款对付（DVP）、结算风险、交收期、流动性风险是金融市场基础设施的关键要点。本章探讨了基于区块链的新型金融市场基础设施在这些方面应有怎样的安排和设计。性能或许是制约基于区块链的新型金融市场基础设施发展的最大障碍，也是许多人不看好或否定其价值的理由。另一个引人关注的焦点是，有了区块链，传统金融市场基础设施机构是否将不复存在？对此，本章均进行了深入的讨论。

第一节　基本框架

一、传统框架

（一）T日证券交易

证券交易分为两类：一是场内交易，在证券交易所通过集中竞价、连续竞价或做市商等方式进行匿名交易；二是场外交易，通过双边询价协议成交。交易达成后，买方和卖方确认交易，同意交易条款。一般来说，场内电子交易系统可以自动产生两个对手间确认的交易。有一些交易则可以由交易所、交易平台或其他机构依据参与者提交的数据进行交易确认，如融资融券。场外交易通常由交易者双边确认。

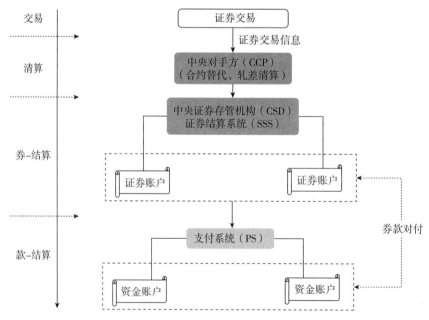

图1-1　交易后业务链条中的传统 CSD、SSS、PS、CCP

（二）T 或 T+1 日证券清算

证券清算可分为全额方式和净额方式。在多边净额方式下，中央对手方（CCP）介入买卖双方的交易，通过合约替代，成为"买方的卖方"和"卖方的买方"，担保交收。通过多边轧差，CCP 计算出各方应收应付净额，将清算结果及时通知结算参与人。结算参与人根据清算结果，在结算日之前，在其证券交收账户和资金交收账户上留存足额的证券和资金，以备结算。

（三）T+n 日证券结算

在实践中，中央证券存管机构（CSD）通常包含证券结算系统（SSS）功能，因此统称为证券登记结算机构。在结算日，证券登记结算机构按照券款对付（DVP）原则办理证券和资金的交收：向结算参与人收取其应付的资金和证券，同时交付其应收的证券和资金，交收完成后不可撤销。证券结算系统（SSS）和支付系统（PS）是两个独立系统，证券登记结算机构通常采用"限制交付"方法来实现券款对付。比如，对于买方（应付资金、应收证券），证券登记结算机构向 PS 发送资金结算报文，PS 根据指令划转资金，成功后证券登记结算机构再划转证券；对于卖方（应付证券，应收资金），证券登记结算机构先办理证券的交收，成功后则通知 PS 划转资金。若上述流程出现失败，则转入清偿程序。

二、基于区块链的新框架

利用区块链技术，可以建立新型的基于区块链的 CSD 和 PS 系统（以下分别简称 DLT-CSD 和 DLT-PS）。在基本框架中，暂且仅考虑 DLT-CSD 账本，PS 系统仍沿用传统账本系统。DLT-CSD 账本至少可包含证券登记结算机构、证券交易所、证券公司、商业银行、证券发行人（上市公司）、投资者、中央银行、证券监管部门八类节点。DLT-CSD 账本具有与传统 CSD 完全一样的金融市场基础设施功能，只是在实现形式上发生了根本变化。

（一）证券存管与证券账户

证券持有人持有的证券，在上市交易时，应当全部存管在 CSD。在传统 CSD 模式下，CSD 为每个投资者开立账户，证券存管后投资者所持有的证券权益体现为其在 CSD 账本上的账户余额，而在 DLT-CSD 模式下，传统证券账户则变成了钱包地址，证券相应地变成在分布式账本上存储的加密数字资产。加密数字资产指向投资者的钱包地址，只有投资者的私钥才能打开。私钥非常隐秘，本地通过椭圆曲线算法导出公钥，公钥生成以后再做两次哈希运算，然后进行一个数据的编码整合，产生一个长位的数，这个数就是钱包地址。

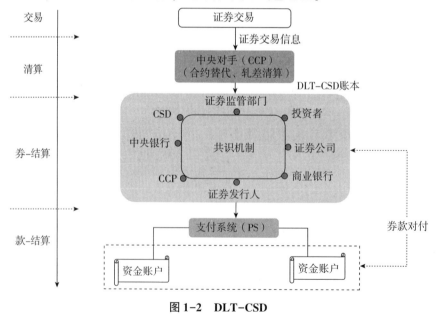

图 1-2　DLT-CSD

（二）证券登记结算

证券登记是对证券持有情况的认定，包括初始登记、变更登记（即证券结算）和退出登记。先谈变更登记，传统 CSD 通过账户余额增减的形式记录证券的归属及变动，而在 DLT-CSD 账本中，数字是价值，价值也是数字，数字的流转就是价值的流转，数字化的证券直接进行点对点流转，不依赖第三方中介机构。具体流程如下：付券方先获知收券方的钱包地址和公钥，用对方公钥对证券划转报文进行加密，然后用自己的私钥签名进行全网广播。全网收到证券划转信息后，共识验证这一证券划转报文是由哪个地址发出，需要划转到哪个钱包地址，最终收券方用自己钱包地址的私钥解开证券划转报文，获取证券。

对于初始登记和退出登记，为了保障公开发行、证券登记等相关监管政策的落地实施，DLT-CSD 可采用双重签名机制。也就是说，只有经过证券发行人、证券监管部门和公证人中的两方签名之后，证券发行人才能发起初始登记和退出登记。而交易过户或非交易过户发起的变更登记，则可不经过证券监管部门和公证人签名。

集中交易过户不改变现有交易后结算业务链条，交易订单经 CCP 清算后，发送至 DLT-CSD 账本，由结算参与人签名确认，并向 DLT-CSD 账本提交证券划转指令，以进行变更登记。DLT-CSD 系统与 PS 系统之间则通过券款对付机制，实现证券结算和资金结算的原子性和最终性。

（三）公司服务

传统 CSD 为上市公司提供的服务包括证券持有人名册查询、权益派发、网络投票服务等，而在 DLT-CSD 的环境下，这些服务可交由智能合约自动执行。证券发行人作为账本节点，自动获得证券持有人的名册；同初始登记一样，证券发行人通过双重签名机制，进行股利发放等权益派发；由于分布式账本本身就是一种投票系统，因此可在 DLT-CSD 账本上直接开展网络投票。

第二节　框架扩展

一、DLT-PS

理论上说，DLT 系统可以通过报文转换器与传统 PS 对接，因此传统 PS 仍然可以支持 DLT-CSD 的资金结算。新加坡央行数字货币试验 Ubin 项目即通过所谓的 SWIFT 模拟器，将 DLT 系统连接到 MEPS+ 系统（新加坡的 RTGS）上，实现 DLT 系统与 MEPS+ 系统的互联互通。但沿用传统思路会给 DLT-CSD 带来短板效应。

第一，RTGS 系统运行时间有限，导致 DLT-CSD 的券款对付（DVP）流程和最终完成时间受制于 RTGS 是否开放，无法发挥 DLT 网络 7×24 小时全天候运行的优势，不仅如此，传统 PS 的各种弊端，尤其是在跨境支付领域存在的各种痛点将会制约 DLT-CSD 的效能，如果采用 DLT-PS，则有助于解决现有支付体系的痛点，避免传统 PS 给 DLT-CSD 带来的短板效应。

第二，DLT-CSD 有赖与更多基于区块链的金融市场基础设施融合，才能发挥出更大的技术优势和规模效应。早在 2016 年，笔者就开展了数字货币原型系统试验，并开发了基于区块链技术的数字票据交易平台[①]。当时，关于数字票据的资金结算，笔者设计了两套方案：链外清算，即采用传统账户体系方式清算；链上清算，通过基于区块链

---

① 徐忠，姚前. 数字票据交易平台初步方案［J］. 中国金融，2016（17）.

的央行数字货币进行结算。试验结果发现，基于区块链的央行数字货币的引入大幅简化了票据交易流程，可实现自动实时的 DVP 券款对付、监控资金流向等功能，而如果采用链外清算，则基于区块链能够产生的数字票据优势将大幅缩水。笔者还研究了基于区块链的央行数字货币在保理业务方面的应用①，同样发现引入基于区块链的央行数字货币不仅可以简化操作、降低成本，还可解决保留业务中的资金流安全管控问题，降低回款风险。

第三，DLT-PS 有助于 DLT-CSD 更多功能的开展，比如 DLT-PS 与 DLT-CSD 可合为一条链，开展单链 DVP，效率更高；DLT-PS 可承载保证金智能合约、清算基金智能合约等，从而支撑 DLT-CSD 更好地开展 CCP 中央对手方清算、衍生品交易等。

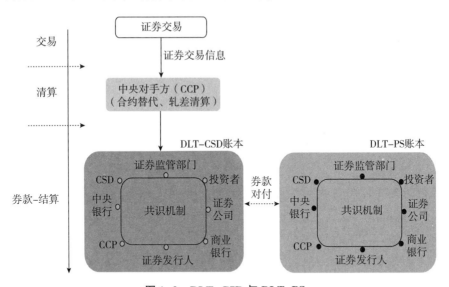

图 1-3 DLT-CSD 与 DLT-PS

① 姚前. 央行数字货币在保理业务中的应用研究［G］. 中国人民银行数字货币研究所工作论文，2017.

与 DLT-CSD 一样，DLT-PS 账本至少可包含证券登记结算机构、证券交易所、证券公司、商业银行、证券发行人（上市公司）、投资者、数字货币发行人（中央银行或其他监管认可的机构，暂定为中央银行）、证券监管部门八类节点。在 DLT-PS 中数字货币的发行和销毁也可采用双重签名机制。

二、去中心化资产交易

（一）传统证券交易的基本业务逻辑

简单来说，证券交易是指买卖双方匹配供需、撮合订单的过程。场内交易可采取集合竞价、连续竞价、做市商等集中交易方式。最基本的两种订单为限价和市价订单，除此之外，还有止损价订单、止损限价订单、触价订单、市价转限价订单、隐藏订单、冰山订单以及即时、非即时、指定时段、指定日期、无限期、计时等各类订单。

图 1-4 给出了场内证券交易的基本业务逻辑。客户将自己的买卖订单发送给证券交易所的证券交易系统。订单元素包括证券标的、买卖价格或区间、买卖证券数量、执行时间、订单有效期等。

买方订单 $d=$（证券标的、买入价格或价格区间、买入证券数量、执行时间、订单有效期）

卖方订单 $s=$（证券标的、卖出价格或价格区间、卖出证券数量、执行时间、订单有效期）

证券交易系统收集各方订单后，使用订单匹配算法撮合订单。当买方订单和卖方订单相互匹配时，$d=s$ 则成交，进入交易后清算和结算流程。当订单不匹配时，订单继续等待。若订单有效期结束时仍未成交，则订单自动取消。

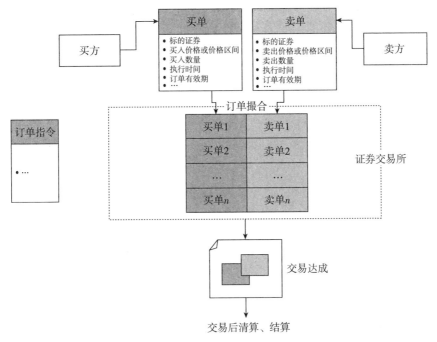

图1-4 传统证券交易的基本业务逻辑

（二）去中心化资产交易：Trade 智能合约

实质上，证券交易系统运行的是一套订单匹配算法，只是部署在证券交易所的服务器。其基本业务逻辑与传统证券交易一致，所以完全可以在 DLT-CSD 账本上把它编成代码，用智能合约自动执行。

步骤1：买卖双方创建订单指令，订单元素包含证券标的、买卖价格或区间、买卖证券数量、执行时间、订单有效期等。买卖双方还加入他们在 DLT-PS 和 DLT-CSD 的钱包地址。双方用自己私钥对订单指令进行签名，签名后将指令发送至证券交易智能合约（简称 Trade 智能合约）。

买方订单指令 Order_ Bid=买方签名 ｛证券标的、买入价格或价格区间、买入证券数量、执行时间、订单有效期、买方 DLT-PS 及 DLT-

CSD 钱包地址}

　　卖方订单指令 Order_ Offer＝卖方签名 {证券标的、卖出价格或价格区间、卖出证券数量、执行时间、订单有效期、卖方 DLT-PS 及 DLT-CSD 钱包地址}

　　步骤 2：Trade 智能合约利用订单匹配算法撮合订单，当买方订单和卖方订单相互匹配时，则生成结算指令。结算指令须经 Trade 智能合约签名后才能生成。也就是说，结算指令需要买卖双方以及 Trade 智能合约签名后才能生效，这既防止用户撤销已完成的交易，保障了交易的不可抵赖性，又防止了 Trade 智能合约发起未经授权的交易，保障了交易的安全性。

　　结算指令 Settle＝Trade 智能合约签名 {买方订单指令 Order_ Bid、卖方订单指令 Order_ Offer、结算金额、结算证券及数量、执行期限}

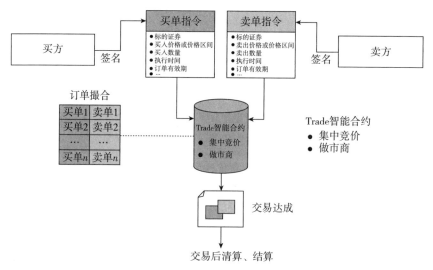

图 1-5　基于智能合约的证券交易

（三）订单最优报价与执行：BBO 智能合约

　　在去中心化证券交易的体系下，一种证券可通过多种去中心化交易方式即多种 Trade 智能合约进行分散交易，优点在于其为投资者提供了更多选择，缺点在于不同智能合约的证券交易存在差异（如成交订单、成交价格等），给投资者带来了两方面挑战：一是证券价格信息来源多，投资者从中获取有效信息存在困难；二是 Trade 智能合约类型多，投资者下单时需要抉择参与哪一种 Trade 智能合约对其最优。因此，如何为投资者提供更加透明的价格信息，并帮助投资者执行最优下单，成为去中心化证券交易的应有之义。

可以参考美国全国最佳报价（NBBO）机制，建立最优报价和最优执行智能合约（Best Bid and Offer，BBO），简称智能合约。其包含两类功能：

一是反映最优报价信息。收集全网所有 Trade 智能合约的成交信息，得出最佳卖价（最低的卖价）和最佳买价（最高的买价）及所对应的买入量和卖出量，以及所标的证券信息和 NBBO 产生时间。信息处理流程为：读取各 Trade 智能合约的交易订单；更新全网来自各 Trade 智能合约的交易价格和交易量的信息；计算出所收到交易订单信息中的最佳卖价（BO）和最佳买价（BB）；统计所有符合最佳卖价和最佳买价的交易量。最佳买价、买入量、最佳卖价、卖出量是在各 Trade 智能合约独立变动，但在 BBO 智能合约中汇总显示。BBO 智能合约快速更新，及时反映各 Trade 智能合约的成交信息。

二是最优执行投资者订单。BBO 智能合约除了最优报价功能之外，还有下单功能。客户将订单预先发至 BBO 智能合约，由其作为执行主体，以"最优价格"为标准，选择 Trade 智能合约，履行客户订单的"最优执行"，即为买方以最低的价格在某 Trade 智能合约买入证券，为卖方以最优的价格在某 Trade 智能合约卖出证券。

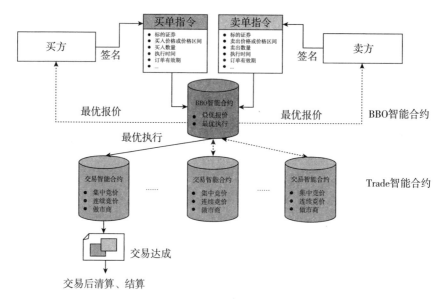

图1-6 BBO智能合约

三、CCP 智能合约

（一）传统 CCP 功能

中央对手方（CCP）在传统证券结算中承担着重要角色。

一是净额结算功能。通过合约替代，成为"卖方的买方，买方的买方"，进行多边净额结算，提高结算效率，节约市场流动性。

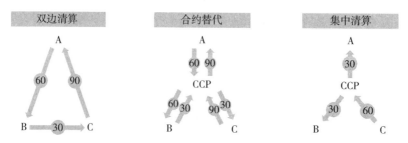

图1-7 CCP 通过合约替代和集中清算节约市场流动性

二是成为市场交易者的共同对手方，进行担保交收，承担证券结算的对手方风险。

图1-8　CCP 担保交收

三是证券结算系统性风险的管理者。通过事前的会员准入制度、事中的保证金（担保品）制度和逐日盯市制度，防控清算会员的履约风险及其可能带来的预期损失。当清算会员违约时，中央对手方采取违约会员缴纳的保证金、违约会员缴纳的违约清算基金、非违约会员缴纳的违约清算基金、中央对手方股本、央行最后救助等财务资源构成的瀑布式（Waterfall）资金结构，来吸收清算过程中的违约损失，既确保违约的交收能够完成，又防止违约传染，避免更多的交收出现违约。

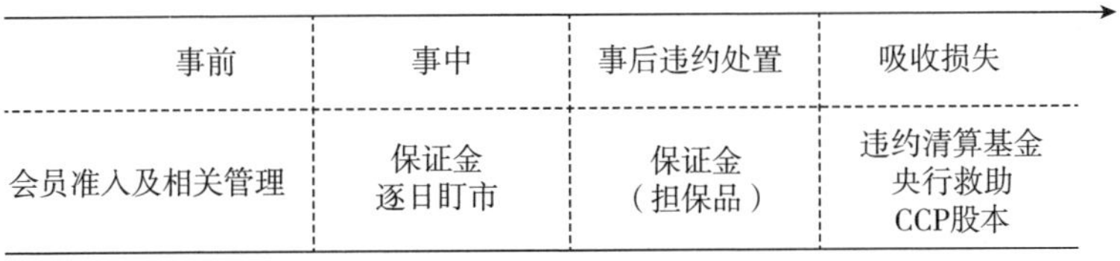

事前	事中	事后违约处置	吸收损失
会员准入及相关管理	保证金 逐日盯市	保证金 （担保品）	违约清算基金 央行救助 CCP股本

图1-9　CCP 风险管理

四是结算的隐私性。中央对手方的介入让买卖双方在"卖者不知买者，买者不知卖者"的条件下进行证券结算。

在 DLT-CSD 模式下，这些 CCP 功能可由智能合约承载并自动执行。

（二）CCP 担保交收智能合约

将合约替代、净额清算等业务逻辑进行编码，在 DLT-CSD 账本上创建 CCP 担保交收智能合约。在证券交易过程中，设定某一周期，自动触发 CCP 智能合约，将已完成匹配的交易订单，执行合约替代，

CCP 智能合约自动成为"买方的卖方，卖方的买方"，然后执行多边净额结算。净额结算过程中，CCP 智能合约起到集中交收账户的功能，分别与买方（应付资金、应收证券）和卖方（应收资金、应付证券）进行券款对付（DVP）。当出现交收失败时，CCP 则进行违约处置。如果买方没有及时交付资金或资金不足额，那么 CCP 则卖出其应收证券，得到资金，用于与卖方的资金交收；如果卖方没有及时交付证券或证券不足额，那么 CCP 则使用其应收资金，在市场买入证券，用于与买方的证券交收。因此，CCP 担保交收智能合约应至少包含合约替代、轧差清算、券款对付、违约处置四类算法。

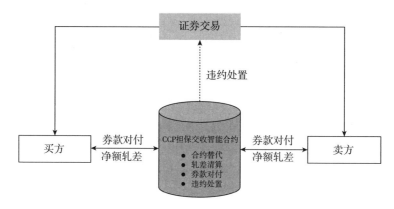

图 1-10　CCP 智能合约

（三）CCP 风险管理智能合约

合约替代后，对手方信用风险不再由各方相互承担，而是集中在中央对手方。某种意义上来说，中央对手方是一种风险集中管理机制，即通过合约替代将分散在各结算参与者的信用风险敞口 V_i 集中于中央对手方，由中央对手方进行集中管理，可表示为

$$L = \sum_{i=1}^{N} V_i$$

总风险敞口 L 带给中央对手方多大损失，一方面取决于各结算参

与者的违约可能性，即违约概率 DR，另一方面取决于结算参与人发生违约时的回收率 R。若假定结算参与者同质，那么用在险价值（Value at Risk，VaR）描述中央对手方的预期损失，则可表示为

$$VaR\ (T,\ X) = L× (1-R) ×DR\ (T,\ X)$$

在险价值 VaR（T, X）是指在未来 T 时期内，在 X 的置信度下，中央对手方最大的期望损失。它与违约概率 DR 成正比，与损失回收率成反比。因此，为了降低预期损失，中央对手方的主要工作有两个方面：一是做好事前防控，尽量降低结算参与人的违约概率；二是通过事前相关制度安排，尽量提高损失回收率。当真正发生损失时，中央对手方采用预定的瀑布式资金结构吸收损失。事前防控的主要措施是严格把握会员准入并做好相关管理。严格把握会员准入是中央对手方管理证券结算风险的第一道防线，中央对手方只与结算会员进行结算，没有会员资格的非结算参与人只能委托结算会员代理清算交收，这样就保证了中央对手方仅与信用程度较好、履约风险较低的主体进行清算交收。提高损失回收率则主要依靠保证金（担保品）制度、逐日盯市制度、违约清算基金等风险管理制度。

保证金是指了交易、清算和结算而缴纳的担保品。初始保证金是指在交易发生时就需要提交的保证金。一般来说，初始保证金的数额应足以覆盖 5 天展望期 99% 置信度下的市场变动。初始保证金可以是现金，也可以是中央对手方所规定的证券。当使用证券作为保证金时，一般会以一定比例进行折扣。目前，成熟的中央对手方机制采用了动态的保证金管理思想，即逐日盯市（Mark to Market）制度，根据市场行情以及会员风险敞口的变化，动态调整保证金要求，当会员的保证金余额不足时，要求会员补充额外的保证金，这类保证金被称为变动保证金。变动保证金通常必须是现金，如果某会员未能满足保证金要求，该会员将被认为违约，它的交易会被平仓。平仓发生的损失首先由该会员的保证金账户余额和抵押品承担。因此，保证金的目的

在于覆盖结算会员的对手方风险，中央对手方需要有一套科学的保证金计算模型和估值方法，并定期进行压力测试、回溯检验，以提高模型和方法的适用性。

违约清算基金是以市场分摊机制吸收没有被保证金覆盖到的非正常情况下的违约损失。各清算会员事前按照业务规模和风险水平等因素，缴纳违约清算基金。当发生违约损失时，为减少道德风险，首先动用违约会员缴纳的违约清算基金，然后用其他非违约会员缴纳的违约清算基金。

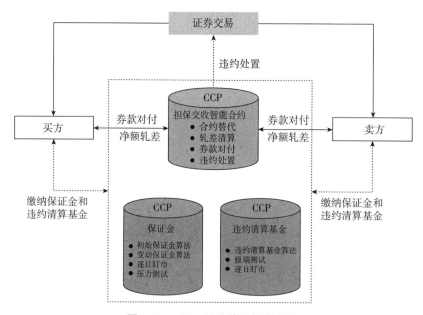

图1-11　CCP风险管理智能合约

同样，可以将上述保证金计算模型和违约清算基金计算模型进行编码，创建CCP风险管理智能合约：保证金智能合约和违约清算基金智能合约，其中保证金智能合约包含初始保证金计算、变动保证金计算、逐日盯市、压力测试算法，违约清算基金智能合约包含违约清算基金计算、极端测试、逐日盯市算法。通常来说，保证金和违约清算基金为货币资金，因此 CCP 风险管理智能合约构建在 DLT-PS 账本上，这正是前文强调的采用 DLT-PS 的意义。当然，保证金也可能为证券形式，相应的保证金智能合约则构建在 DLT-CSD 账本上。

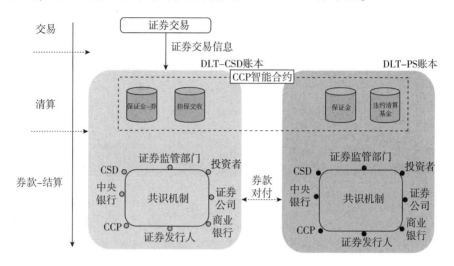

图 1-12　DLT-CSD 和 DLT-PS 账本上的 CCP 智能合约

CCP 风险管理智能合约与 CCP 担保交收智能合约是一体的，当 CCP 担保交收智能合约触发违约处置算法时，则会调用 CCP 风险管理智能合约，以弥补损失；而当 CCP 风险管理智能合约中发生了变动保证金不足等事件时，则会触发 CCP 担保交收智能合约的违约处置，如衍生品强制平仓。

四、CCP 智能合约与 Trade 智能合约

（一）CCP 担保交收智能合约与 Trade 智能合约

Trade 智能合约生成结算指令后可直接进行结算，也可由 CCP 进行合约替代、净额轧差后担保交收。若是后者，则前述的结算指令 Settle 可分解为两个 CCP 担保交收指令。经 CCP 担保交收智能合约签名后，

最终进行结算。

Trade 智能合约和 CCP 担保交收合约的执行期限可灵活设定，从而创造出不同的交收期。交易者可在下订单就将钱和券"到位"（Pre-funding），也可在交收期内将钱和券"备足"。在实践中，监管部门通常不允许证券"裸卖空"，即不允许卖出不属于自己的证券。我国还要求经纪客户在买入股票时缴存全额保证金。若此，可根据监管要求，对 CCP 风险管理智能合约做相应的设定。

买方与 CCP 结算指令 Settle_ Bid_ CCP = CCP 担保交收智能合约签名 ｛结算指令 Settle，执行期限｝

卖方与 CCP 结算指令 Settle_ Offer_ CCP = CCP 担保交收智能合约签名 ｛结算指令 Settle，执行期限｝

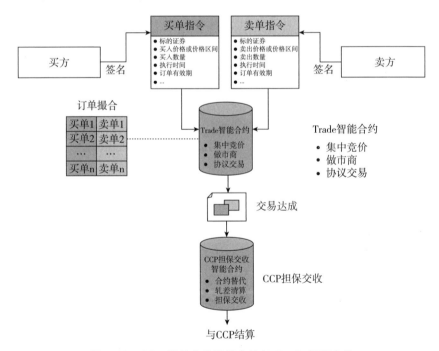

图 1-13 CCP 担保交收智能合约与 Trade 智能合约

（二）CCP 风险管理智能合约与 Trade 智能合约

为了防控结算风险，当交易者参与 CCP 担保交收时，须向 DLT-PS 上的 CCP 风险管理智能合约缴纳保证金和违约清算基金。具体操作是在买卖双方下单之前，预先向 DLT-PS 发送一个资金转账指令，将资金转入 CCP 保证金智能合约和 CCP 违约清算基金智能合约。当然，如果允许证券作为保证金，则向 DLT-CSD 发送证券转账指令。

买方资金转账指令 Fund_ Transfer = 买方签名 ｛保证金，清算基金，DLT-PS 上的 CCP 保证金智能合约地址，DLT-PS 上的 CCP 违约清算基金智能合约｝

卖方资金转账指令 Fund_ Transfer = 卖方签名 ｛保证金，清算基金，DLT-PS 上的 CCP 保证金智能合约地址，DLT-PS 上的 CCP 违约清算基金智能合约｝

当交易双方下订单时，须先将订单指令发送给 CCP 风险管理智能合约，由 CCP 风险管理智能合约核验投资者缴纳的保证金和违约清算基金是否足额，当足额时，CCP 风险管理智能合约对订单指令签名，然后再发送给 Trade 智能合约进行订单匹配（或通过 BBO 智能合约转发给 Trade 智能合约），若不足额，则 CCP 风险管理智能合约不签名，订单无法被 Trade 智能合约接受。图 1-14 和图 1-15 给出了订单指令、结算指令的具体流程。

经 CCP 核验的买方订单指令 Order_ Bid_ CCP = CCP 风险管理智能合约签名 ｛买方订单指令 Order_ Bid｝

经 CCP 核验的卖方订单指令 Order_ Offer_ CCP = CCP 风险管理智能合约签名 ｛买方订单指令 Order_ Offer｝

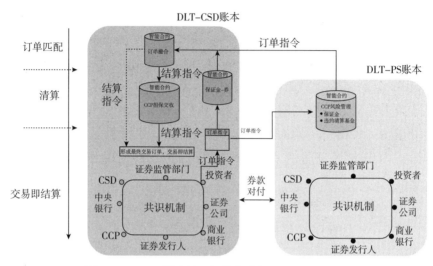

图1-14 CCP风险管理智能合约与Trade智能合约

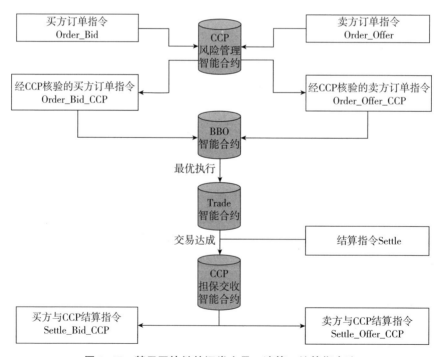

图1-15 基于区块链的证券交易、清算、结算指令流

第三节　关键考量

一、券款对付与结算风险

国际《金融市场基础设施原则》(Principles for Financial Market Infrastructures，PFMI) 第 12 条要求："无论 FMI 以全额结算还是净额结算，以及何时终止，只有当其他相关资产的最终结算也完成时，对应资产的最终结算才能成立。" 根据这一要求，券款对付（DVP）、券券对付（DVD）、款款对付（PVP）等价值交换必须确保资产交割的原子性：要么双方成功地交换了资产，要么没有进行任何资产转让，确保一种资产的转让当且仅当另一种资产的转让发生时才发生。DVP 是一种连接证券交割和资金交收的结算机制，当且仅当资金完成交收时相应证券才进行交割。类似地，PVP 是指当且仅当一种或者多种货币的最终转账发生时，另一种货币才发生最终转账的结算机制。DVD 是一种关联两种或两种以上证券交割的证券结算机制，当且仅当一种或者多种证券交割发生时，对应的另一种证券才完成交割。在传统证券结算中，通常采用中心化机构的"限制交付"方法实现 DVP，而在去中心化环境下需要新的思路。下面以 DVP 为例阐述去中心化环境下的价值交换，DVD、PVP 与其类似。

（一）单链

若 DLT-CSD 和 DLT-PS 属于同一个 DLT 账本，实现 DVP 的方法较为简单：买卖双方将证券结算指令和资金结算指令合并为同一指令，双方签名后提交共识验证，验证成功后券和款同时交付，验证失败则券和款同时退回，由此保障了 DVP 的实现。

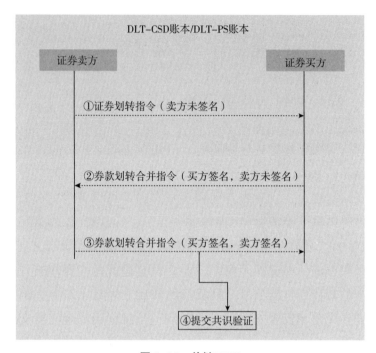

图1-16　单链DVP

步骤1：证券卖方创建证券划转指令，但卖方未签名，将其发给证券买方。

步骤2：证券买方核验卖方发来的证券划转指令，无误后创建现金划转指令，并将其与卖方发来的证券划转指令，合并为单一指令，即券款划转合并指令。买方签名后将券款划转合并指令发给卖方。

步骤3：卖方核验买方发来的券款划转合并指令，无误后签名，发给证券买方。

步骤4：证券买方或卖方将双方签名后的券款划转合并指令提交共识验证，验证成功后券和款同时被分别划转到买方和卖方。

（二）跨链

如果DLT-CSD和DLT-PS分属不同DLT账本，那么需要更复杂的设计来实现跨链 DVP，目前有三类跨链操作方案。

一是公证人机制（Notary schemes）。这是中心化或基于多重签名的见证人模式，主要特点是不关注所跨链的结构和共识特性，而是引入一个可信的第三方充当公证人，作为跨链操作的中介。

二是侧链/中继（Sidechains/ Relays）。侧链是一种锚定原链的链结构，但并不是原链的分叉，而是从原链的数据流上提取特定的信息，组成一种新的链结构，而中继则是跨链信息交互和传递的渠道。不论是侧链还是中继，作用都是从原链采集数据，扮演着 listener 的角色。侧链和原链不能直接验证对方块的状态，因为这样会形成循环，但相互只包含轻节点是可行的，相应的验证逻辑可由链协议本身或应用合约实现。一般来说，主链不知道侧链的存在，但侧链必须要知道主链的存在。

三是哈希锁定技术（Hashed Time Lock Contract，HTLC）。HTLC 在不同链之间设定相互操作的触发器，也就是个待披露明文的随机数的哈希值。哈希值相当于转账密语，只有拿到密语的人才能获得款项。同时，它还构造了两个退款（Redeem）合约，这两个合约需要双重签名且有时间期限，对方签名，自己未签名，当自己签名时，资产退回原处。其中一个关键技术设计是，创建转账哈希密语的人的退款合约，在时间期限上要长于另外一个人，由此可保护他的权益。

相比较而言，公证人机制需要依赖中心化机构的操作，有违去中心化初衷；侧链/中继仅是单向的跨链信息传递，相互不能验证，不适合互为条件的跨链操作，因此这两类跨链机制不适合用于 DVP，而HTLC 很好地实现了 DVP：一是哈希锁（Hash Locks）的设计，买方和卖方都必须使用相同的密语才能解锁资产，实现资产的互为条件的转移；二是定时锁（Time Locks）的设计，当结算没有及时完成时，超过时间期限，资产将被退回原处，这相当于回滚机制。因此，本书在后文中主要采用 HTLC 技术开展各项业务。

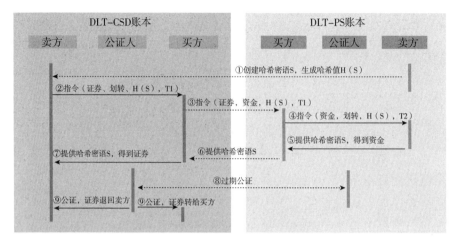

图 1-17 基于 HTLC 的跨链 DVP

步骤 1：证券卖方创建哈希密语 S，以此生成它的哈希值 H（S）。

步骤 2：证券卖方创建证券划转指令，并规定以下两种输出状态。一是如果证券买方能提供满足 H（S）的哈希密语 S，那么，证券的接收人是证券买方，将证券划转给买方。二是如果时间超过 T1 且证券买方未提供正确的哈希密语，那么证券的接收人是卖方，将证券退回。证券卖方对证券划转指令进行签名，然后提交 DLT-CSD 账本进行共识验证，并同时发送给证券买方。

步骤 3：证券买方收到 DLT-CSD 账本上的证券划转指令后，"通知" DLT-PS 账本的证券买方启动付款程序。

步骤 4：证券买方创建资金划转指令，并规定以下两种输出状态。一是如果证券卖方能提供满足 H（S）的哈希密语 S，那么，资金的接收人是证券卖方，将资金划转给卖方。二是如果时间超过 T2 且证券买方未提供正确的哈希密语，那么资金的接收人是卖方，将资金退回。由于 DVP 由证券卖方率先发起，因此 T1>T2，证券买方对资金划转指令进行签名，然后提交 DLT-PS 账本进行共识验证，并同时发送给证券卖方。

步骤 5：证券卖方向 DLT-PS 账本提交哈希密语 S，从而获得资金，而证券买方得到哈希密语 S，并将其发送给 DLT-CSD 账本的证券买方。

步骤 6：证券买方向 DLT-CSD 账本提交哈希密语 S，从而获得证券。

(三) HTLC-DVP 的结算风险及应对

对于单链 DVP，即使流程中的步骤未完成，结算双方也不会面临风险，因为证券转账和现金转账作为同一个指令，仅在最后一步执行。而对于基于 HTLC 的跨链 DVP，如果流程中的某些步骤未完成，则可能会存在结算风险。

可将图 1-17 的 HTLC-DVP 结算失败分为两种情形：一种是卖方未得到资金；另一种是卖方得到资金。对于前者，说明卖方未向买方披露哈希密语，那么买方就无法在 DLT-CSD 账本上得到证券，证券划转指令和资金划转指令最终因时间到期，将证券和资金自动退回，因此保证了券款对付的原子性。

对于后者，说明卖方已向买方披露哈希密语，只是因某些原因(如网络延迟或买方未及时操作)，买方没有在 DLT-CSD 账本上提交哈希密语，所以没有得到证券。在这种情形下，就无法保证券款对付的原子性，即卖方得到资金，而买方却没有得到证券。对此，可考虑引入公证人机制，由公证人判定证券的归属，如果资金已成功划转，那么判定证券归买方所有，如果资金被退回，则判定证券应被退回，归卖方所有。为了避免频繁使用公证人机制，可对买卖双方的失责行为进行处罚，以保证 HTLC-DVP 的成功运行。

二、交收期与流动性

(一) 交收期

目前的证券集中交易结算业务是环环相扣的链条，交易、清算和结算分处不同环节，按时序分步开展，后一环节的所有业务必须等上一环节完成后收到数据才能启动，周期较长，且导致所有交易必须集中处理，即使有些交易已经完成，仍须等其他交易结束后才能进入交易后处理。

2017年前，美国证券交收期为T+3，纽约证券交易所和纳斯达克在T日将交易数据提交到全美证券清算公司（NSCC），T+1日与T+2日与证券经纪商进行对盘，T+3日将清算结果发送至中央证券存管公司（DTC）进行交收。欧洲证券市场方面，英国伦敦交易所将交易数据于T日发送至伦敦清算所、瑞士SIX集团旗下清算公司（SIX x-clear）和欧洲中央对手有限公司（EuroCCP）进行清算，T+1日与证券经纪商进行核对，T+2日将数据转发至欧洲清结算银行（Euroclear）进行交收。中国香港市场方面，港交所将交易数据于T日发送至香港结算，香港结算T+1日与证券经纪商进行核对，T+2日进行交收。

通常来说，从交易执行到结算的时间越长，一方当事人无力清偿或违约的风险就越大，未结算交易的数目就越多，证券价格偏离合同价格的可能性就越大，这将导致没有违约的当事方在重置未结算交易时遭受的损失增加①。近几年来，境外成熟市场趋向于降低证券交收期，如2017年9月5日，美国证券市场将原T+3的交收期周期缩短为T+2。根据1989年G30的建议，为了最大限度地减少与证券交易相关的对手方风险和市场暴露，当日结算应是最终目标。

DLT的应用使证券交易的当日结算甚至实时结算变成了可能。一是交易者下单时的签名代表了其对交易的认可，不可抵赖，省去了交易后对盘环节；二是通过智能合约，证券交易、清算和结算业务可集成在同一DLT-CSD账本上，省去了因不同系统的数据交互而带来的时滞，交易一结束就可立即实时结算；三是不同交易者可在不同的Trade

---

① CPSS-IOSCO技术委员会.证券结算系统建议（RSSS）［R］.2001–11.

智能合约上交易，也可在不同的 CCP 担保交收智能合约上清算，无需等其他投资者完成交易，就可自主地进入结算环节；四是 DLT 系统可 7×24 小时运转，没有时间限制。

另外，在本书提出的 DLT–CSD 结算模式下，交易者可以灵活地决定证券交收期，如可自由选择是否参与 CCP 担保交收，若不参与，则省去了 CCP 清算环节，直接进行 DVP 结算；可设定不同证券交收期的 Trade 智能合约和 CCP 担保交收智能合约，使 HTLC–DVP 的哈希锁定时间 T1 和 T2 可长可短，当 T1 设定为 n 日时，相当于把证券交收期设定为 T+n，也可设定为当日或其他期限，因人而异，更好地满足了不同交易者的流动性管理需要。

相比较而言，现在的证券交收期灵活性不够，集中竞价、CCP 担保交收的同一证券品种，通常只有一种固定交收期。这是因为目前证券交易系统只匹配订单，不匹配交易者的交收期偏好，不能定制式地为交易者提供对应不同交收期的集中竞价。全市场整齐划一的固定交收期安排虽然避免了市场参与者关于交收期的沟通成本，但在一定程度上也限制了参与者对交收期的自由选择，不利于交易者的流动性管理，而且还导致交收期制度弹性不足，改革困难，美国经过了数年的努力，才将 T+3 缩短为 T+2。而在去中心化环境下，不同交收期的 Trade 智能合约和 CCP 担保交收智能合约，相当于不同交收期的交易所和清算所，制度更加灵活，更具有弹性。目前，我国证券交收期与境外成熟市场存在差异，境外为 T+2，我国则是 T+0。如何解决境内外交收期不一致，成为我国资本市场对外开放的一个重要命题。若在 DLT–CSD 模式下，这或许就能迎刃而解。

（二）流动性

金融市场基础设施对市场流动性的影响包含两个维度：一是流动性效率，即是否需要占用太多参与者的流动性资源；二是流动性风险，即是否会导致参与者出现流动性损失。同现有的金融市场基础设施一样，基于区块链的新型金融市场基础设施为市场参与者提供了全额结算和净额结算、担保交收和非担保交收等不同结算方式。

应该说，不同结算方式带来的流动性影响存在差异。逐笔全额结算的结算周期较短，降低了参与者的流动性风险，但要求的流动性较高，而净额结算通过轧差，所要求的流动性明显降低，但延长了结算时间，只有到最后时点才能实现结算最终性，在没有担保交收的情况下，券款能否按时结算不能确定，因此提高了参与者面临的信用风险和流动性风险。担保交收虽然减少了参与者的流动性风险，但需要参与者预先提交保证金和违约清算基金，占用了流动性资源。结算方式的选择实质上是流动性效率和流动性风险的权衡。相对来说，大额结算更适合采用逐笔全额模式，而小额结算则更适合采用多笔净额结算。

目前很难评价基于 DLT 的新型金融市场基础设施是否比现有的金融市场基础设施更具有流动性优势，这取决于具体的结算方式，是否净额轧差，是否采用流动性节约（LSM）机制，是否担保交收等。不过如前述所言，基于区块链的新型金融市场基础设施可以"因人而异"，为交易者提供灵活的交收期安排，有助于不同交易者进行流动性管理。从这个视角看，它优于现有的金融市场基础设施。

有人担忧当采用 HTLC-DVP 结算时，证券和资金需要被锁定在账本上，存在机会成本，对于发送方不利，流动性效率低于现有模式，对此，笔者认为，一般来说，由于自动执行，证券和资金的锁定时间通常较短，可以忽略。如果一个参与者需要更多的时间来准备交割证券或资金，那么他应预先选择符合他的交收期偏好的智能合约进行交易。对于在 HTLC-DVP 过程中的故意拖延行为，则可考虑由公证人对其进行处罚，以避免人为延长资产锁定时间，减少 HTLC-DVP 的流动性风险。

三、隐私保护

在金融交易中，隐私和机密是最重要的，应只有交易相关方才能看到交易细节。为实现交易隐私，目前一些加密货币的交易隐私设计提供了有益的参考。

（一）须知模式

须知模式的典型代表是 Corda。只有交易当事人才能掌握交易细节，并在每一笔交易都添加一个额外的机密身份，使得只有交易当事人才可以识别其他参与者。这些参与者利用隐秘的"互换身份流"交换新密钥，然后将新密钥用于交易的输出、指令和签名。

（二）专用通道

专用通道的典型代表是 Hyperledger Fabric。通道是一种数据分区机制，存有特定的分布式账本，只有利益相关者可见，而网络上的其他成员不允许访问该通道，也无法看到通道上的交易。通道内的交易对手虽然可以看到对方的账户余额，但由于存在多个通道，因此无法推断出对方的总资产余额。

（三）密码学方案

采用高效的零知识证明、承诺、证据不可区分等密码学原语与方案来实现交易身份及内容隐私保护；基于环签名、群签名等密码学方案的隐私保护机制、基于分级证书机制的隐私保护机制也是可选方案；也可通过采用高效的同态加密方案或安全多方计算方案来实现交易内容的隐私保护；还可采用混币机制实现简单的隐私保护。

四、性能

性能是当前制约公链商业化大规模应用的最大障碍，例如，比特币的 TPS 为 2~7，以太坊的 TPS 为 15~25，与传统 VISA 等中心化系统的平均上千 TPS 相比性能远远不够。许多人因此批评或否定去中心化金融应用的价值。近几年来，业界正不断努力提高区块链系统的可扩展性，提出了各种解决方案。

一是硬件和算力的改进，从 CPU、GPU、FPGA 到 ASIC，挖矿设备不断升级。二是从安全性入手，改进共识机制，如以太坊准备用权益证明（POS）机制取代工作量证明机制（POW 机制）；Algorand 协议在（POS）机制上引入可验证随机函数（Verifiable Random Function, VRF），使共识节点的选择具有不可预测性，不受操纵，消除区块链分叉的可能性，Elrond 在随机选择机制上进一步加入评级因子；Bitshares、Steemit 和 EOS 采用了 POA（Proof of Authority）和 POS 的混合机制 DPOS（Delegated Proof of Stake），在牺牲一定程度的去中心化（由选出的部分节点负责添加新的区块，偏向集中化）和安全性（可能存在腐败、贿赂等治理问题）的基础上，提高了交易吞吐量。三是不改变共识协议的系统改进，代表性方法有缩短区块的产生间隔、增加区块大小、采用双层链结构、引入闪电网络、改变区块+链的基本结构、修剪区块中的数据、改进算法以及分片技术。

（一）分片技术

分片是当前区块链领域技术创新的一个重要前沿领域，因此被认为是最有希望解决公链性能不足的方案。简单来说，其主要思路是将整个区块链网络分片成更小的节点组，每个分片只处理部分交易，且与其他分片并行处理。类似于高速路口的收费站，原先只有一个收费站，分片后则有多个收费站，因此大大提升了交易吞吐量和效率。不仅如此，分片技术还具有很好的网络扩展自适应性：网络吞吐量随着网络节点数的增加而增加。也就是说，加入网络的节点越多，性能就越高。

目前的一些分片技术方案已表现出性能优势。如 Zilliqa 测试网络达到每秒处理 2400 个交易以上，Elrond 的模拟性能在 2 个分片下超过了 Visa 的平均水平（3500TPS），在 16 个分片下，接近 Visa 最高水平（5.5 万 TPS）。相比较，上海证券交易所的平均值为 1380TPS，历史峰值 9 万 TPS，压力测试峰值 13 万 TPS，深圳证券交易所的平均值为 2181TPS，历史峰值 19.2 万 TPS，压力测试峰值 23 万 TPS。理论上来说，通过分片技术，区块链系统的性能有望解决传统中心化金融系统的性能。值得一提的是，分片技术还可以与 DAG、闪电网络、状态通道等技术融合使用，发挥出更大的扩容效应。

（二）交易分片

分片技术在保证去中心化程度的情况下解决了性能的问题，但在一定程度上损失了安全性。

一是不同分片的双花问题，即同一笔支付在多个分片上执行多次。为防止双花，一种思路是在交易验证过程中，分片间相互通信，但这带来了通信成本，损失了一定的效率，违背了分片的初衷。最好的办法是在分片的最初就根据发送者地址将相应交易分配至同一个分片，这样可以很容易地检测到双花交易，又不需要进行任何跨片的通信。这就是所谓的交易分片。

二是分片后参与单链共识验证的节点数量减少，51% 攻击的成功可能性提高，解决办法是通过分片的随机性来对抗攻击。如 Omniledger 采用可验证随机函数（VRF）进行分片；Harmony 的分片基于分布式随机生成协议（DRG），具有无法被预测、可验证和可扩展的特性；

Elrond 采用基于二叉树的自适应方法进行分片，用更短的时间随机选择共识组。除了分片时的随机性，网络必须在一段时间内进行节点的重新分配。

（三）状态分片与智能合约分片的挑战

目前公链中的所有公共节点都要同步更新和存储交易数据以及各种状态，随着交易数量的不断增长，区块数据量也将随之膨胀，尤其是高 TPS 系统将必然带来大量交易数据，导致数据同步时需要巨大的带宽，数据存储时需要巨大的硬盘空间，这给验证节点带来了不小的挑战。如比特币区块链每天增长 144MB，目前的总大小是 100 多 GB，而下一代 VISA 级高性能的账本每天就可以产生超过 150GB 的数据。许多普通节点可能因无法承受相应的存储负担和带宽负担而退出网络。

状态分片则可以很好地解决这一问题，即让不同的分片只存储不同的部分状态，而不是存储完整的区块链状态。但状态分片又带来了新的问题。一是分片状态的跨周期更新问题。由于每个分片只保留全局状态的一部分，当重新分片节点的时候，若处理不好，可能会因部分分片状态的丢失而导致整个系统失效。对此，可采用逐步调整的方法，即在每一次调整分片节点时保留部分旧节点，新节点加入后与旧节点进行状态同步，这样就不会导致分片状态的丢失。

二是分片之间调用智能合约的通信成本问题。分片的初衷在于通过状态的分割和最小化每个验证者的负载来实现扩展，因此应尽量减少跨片区的交互，也就是说各分片的自身状态应尽量减少获知其他分片状态的需求，但对于智能合约而言不太现实。

智能合约除了作为一个单独地址被部署在区块链上，还有程序代码。从单个智能合约看，它的运行实际上包含了串行的两个交易，一是智能合约的调用，二是智能合约的执行，后者必须等前者发生后才能启动，而并行处理仅适合相互独立的交易，不适合串行交易。串行交易并行处理，不仅没有提高效率，反而因需要分片之间的交互（如通信、相互验证等），增加时间成本。因此，智能合约的地址应与调用者的地址部署在同一分片中，否则会牺牲效率。此外，智能合约之间往往会相互调用，如在调用了 Trade 智能合约，完成订单匹配后，CCP 担保交收智能合约才接着开展证券的 DVP。进一步来说，除非将所有智能合约和所有调用者，都部署在同一分片（但这就损失了分片的扩容优势），否则必然就会有智能合约的跨片区交互问题。

智能合约分片面临着收益与成本的权衡，收益在于分片带来的性能提升，成本则在于因不得不跨片区交互而带来的效率损失。Elrond 提出了所谓的异步跨分片执行模型（asynchronous cross-shard execution model）。如果用户调用和执行的智能合约在其他分片中（目标分片），则将该交易视为付款交易，接收方地址是目标分片的智能合约地址。经公证链（metachain）公证后，目标分片调用和执行智能合约。智能合约执行后的结果可能影响其他不同分片的多个地址，那么建立与每个地址相对应的名为智能合约结果（Smart Contract Results，SCR）的交易，同样，经公证链公证后，由各地址所在的各个分片进行处理。如果一个智能合约从另一个分片中动态调用另一个智能合约，则将调用保存为中间结果，经公证后由相应智能合约所在的分片进行处理。该解决方案有多个步骤，完成一个跨分片智能合约呼叫需要五个轮次，势必影响效率。而另外一种方案为跨片区智能合约拉拽（Yank），在调用智能合约时将智能合约的代码和数据移动到调用者的分片中，这一方案缓解了跨片区的交互问题，但锁定了被移动的智能合约，阻止了其他用户的使用，影响并行化处理，比较适合用户很少的智能合约。

总体来看，目前智能合约分片技术还处于研发的早期阶段，离商业可用性还需要更多深入的探索和研究。

五、FMI 的新型角色

在 DLT-CSD 模式下，CSD、CCP 等 FMI 的角色似乎有些多余，但实质上仍可发挥重要的作用，只是在内容上发生了变化。

（一）智能合约管理者

智能合约是写在分布式账本中的计算机程序。当预先编好的条件被触发时，智能合约将自动执行，引起相关业务状态变化，相应变化结果将被记录和存储在区块中。从某种程度上来说，智能合约的准确性决定了账本状态的准确性。如果参与节点对智能合约的准确性没有信心，那么分布式账本的真实性就会受到质疑，因此智能合约管理极为重要。

对于智能合约的应用，一方面需要从法律层面明确智能合约的可执行性，前述的 Trade 智能合约、BBO 智能合约、CCP 担保交收智能合约、CCP 风险管理智能合约须经过相关监管部门审计、检测和批准后，方可使用；另一方面，由于智能合约具备天然的确定性，不具有普通合同的灵活性和可选择性，因此在特定场景中，需要建立允许代码暂停或终止执行的干预机制。

（二）系统安全管理者

传统 CSD 可作为整个区块链网络的管理者，确保系统操作的一致性和连续性，如软件补丁和参数、硬件配置以及为所有参与者建立标准、规则和指引，以便监测和进一步操作、添加或删除参与者节点。当出现系统问题时及时介入，防控技术风险。

虽然高可用性和灾难恢复是分布式账本技术的天然优势，但在实践中不能完全依靠系统的自我恢复，保守方案是继续沿用现有的灾备措施，进行异地备份，以防如果数据恢复期间系统出现无效状态（如复制错误），仍有特殊的工具、手段和程序来重建数据。

考虑到区块链网络的分布式性质，必须谨慎处理各节点自身的安全问题，尤其是各参与人技术成熟度的不同，并不是所有参与节点都具备高安全性，可能会存在"短板效应"。各参与节点应负责其自身内部和外部的系统安全。系统管理者应建立及时检测系统中的黑客行为，惩戒存在安全漏洞的参与节点或有黑客行为的成员。

（三）系统性风险的最后处置者

目前，CCP 采用预定的瀑布式资金结构吸收损失，防范系统性违约风险。结算参与人发生违约时，通常按违约会员缴纳的违约清算基金、非违约会员缴纳的违约清算基金、中央对手方股本、最后救助的先后顺序吸收损失。显然，当需要动用中央对手方股本和最后救助手段时，就不是 CCP 智能合约所能承担的任务。为此，传统 CCP 仍可作为系统性违约风险的最后处置者，实时监测 CCP 智能合约运行状况，分析市场整体的证券结算违约风险，在非正常情况下，及时动用预备的财务资源，化解系统性违约风险。

（四）数字钱包提供商

数字钱包是密钥的重要载体，也是用户开展业务的直接界面。数字钱包的设计首先涉及与客户身份、传统账户的关系。可发挥现有 CSD 的账户体系服务优势和管理方便，可建立钱包与身份、账户的紧耦合关系。用户使用实名身份注册钱包，钱包与其身份信息、生物特征等身份标识以及银行账户和证券账户对应。在承载内容方面，数字钱包不仅提供单纯的钱包服务，还可发展更丰富的与证券交易有关的服务，如货币汇兑服务；资产投资管理服务，包括理财增值、资产归集管理等；信息服务，聚合证券交易市场信息。

（五）公证人

一是保证完整性，避免双重发行。发挥"公证功能"（Notary function），避免发生"双重发行"，使已发行的代币数量等于在分布式账本中的代币数量。具体操作是，只有经过证券发行人、证券监管部门和CSD 中的两方签名之后，证券发行人才能发起初始登记和退出登记。

二是解决争议。基于区块链的结算存在概率性，且由于欺诈、黑客或者因智能合约、共享算法、自动代码的使用，可能会引发结算争端。然而，分布式账本的一个重要特征是记录的不可撤销性，因此，如果发生结算失败时，就需要有相应的追索机制，更正因结算失败而引起的错误。可考虑引入公证人机制，由公证人解决争议。

三是公证私钥。在目前存储私钥的方式，也就是所谓的"冷藏"，被证明是具有灾难性风险的。一旦私钥丢失，损失不可逆，等同于数字资产的丢失。其他储存私钥的方法还包括：存在硬盘或 USB 中，并将其锁入保险箱，硬件安全模块（HSMs）等，这些存储方式和早期证券业存储实物证券的逻辑相同，类似于实物证券的托管。历史上，证券业经历了从有纸化到无纸化的改革。无纸化后，电子簿记系统可以被备份，如果出现被盗，还可以及时修正，保护了投资者资产安全。虽然分布式账本的运行逻辑与电子簿记不同，但传统金融市场基础设施机构可以提供一种独立于分布式网络的资产登记监控的功能，在数字资产买卖时，监控账本的更新情况，当私钥丢失后，投资者可通过传统 CSD 的公证找回数字资产。

第二章　基于区块链的跨境 FMI：以存托凭证为场景

与传统的账本技术相比，区块链技术具有不易伪造、难以篡改、效率高、可追溯、容易审计的优点，并可通过交易签名、共识算法和跨链技术保障分布式账本的一致性，自动实时完成账证相符、账账相符、账实相符。区块链技术可以集成相互分割的金融市场基础设施，极大地降低了技术系统的互通成本，带来更简洁、更高效、更扁平化的业务流程。

存托凭证（Depository Receipt，DR）的业务复杂，流程冗长，涉及发行人、证券公司、存托人、托管人、投资者、证券存管机构等境内外多方主体，且由于司法管辖，跨境金融基础设施各自独立，这些因素导致存托凭证业务成本高、效率低，引发了效率与安全的两难问题。据此，本章以 HTLC 为基本技术思路，提出基于区块链的新型存托凭证方案，展现了区块链技术在跨境金融市场基础设施领域的应用潜力。

存托凭证业务既包含基础证券的发行兑回，又涉及衍生证券的发行兑回，同时还开展本外币资金的汇兑以及境内外资产的转化，进行券款对付、券券对付、款款对付等各种价值交换。基于区块链的存托凭证方案对于各种跨境交易以及涉及基础资产形态转换的金融交易（如基金产品、资产证券化、衍生品交易等）具有参考性。

第一节 现行方案

一、相关机构

（一）企业（发行人）

企业在符合境内外上市监管要求及发行条件的前提下，委托存托机构在中国或境外证券市场发行 DR，主要职责包括决定 DR 的发行计划，包括公司财务目标、融资数额、存托凭证类型、基础股票与 DR 的转换比例等；指定主承销商、存托人、律师事务所、会计师事务所等必要的中介机构；向托管人和存托提供公司行为信息，以及召开年度股东大会；履行信息披露义务，承担相应的法律责任。

（二）证券公司

在 DR 业务中，证券公司指从事存托凭证跨境转换业务的境内机构（沪伦通业务中称为跨境转换机构，Cross-border Conversion Institution），主要从事 DR 的生成与兑回、购买、借入或接收基础股票的业务。在一些国家中，证券公司也从事做市商业务。其主要职责是：

第一，受发行人或投资人委托，在境外市场买入或以其他合法方式获得基础股票并交付存托人，由存托人根据托管人的通知和证券公司的指令，签发相应存托凭证。

第二，受发行人或投资人委托，向存托人发送注销存托凭证指令，并由托管人根据存托人的通知将相应基础股票交付证券公司。

第三，在境内市场提供做市商服务。

（三）存托人

存托人（Depository Bank）是境外发行人在境内的存托凭证代理人，在 DR 业务中起着连接存托凭证持有人和发行人的作用。证券公司通过与境外发行人签订存托协议来明确所提供的发行人服务内容和方式，其主要职责是：

第一，协助发行上市业务。与境外发行人签订存托协议，协助境外发行人建立和完善 DR 方案，安排境外托管人保管 DR 基础证券，协助完成发行过程。

第二，在生成兑回环节办理 DR 份额的创设和注销（本质上是完成 DR 和基础证券的转换）。负责生成或兑回 DR 份额，在确认收到基础证券后，存托人负责在境内创设生成 DR 份额，并登记到投资者账户中；DR 份额被注销时，存托人通知托管人将基础证券解除锁定，重新投入境外市场。

第三，作为基础证券名义接收人，提供相关代理人服务。分为不涉及持有人意思表示的公司行为和涉及持有人意思表示的公司行为。对于不涉及持有人意思表示的公司行为（如派发红利），证券公司负责将相关权益发放给 DR 持有人；对于涉及持有人意思表示的公司行为（如股东大会投票），存托人负责收集 DR 持有人的意见，根据持有人意见指示托管人代为行使股东权利。

第四，作为境外发行人和 DR 持有人的信息中介，提供相关信息服务。一是为 DR 持有人提供境外发行人的相关信息，例如股东大会通知、分红派息公告等；二是向 DR 市场的交易所和境外发行人披露 DR 的生成兑回情况，如每个交易日的 DR 存量、当日生成、兑回情况，当 DR 的存量份额低于交易所规定的限额时进行公告并申请暂停 DR 交易；三是应境外发行人的申请，为境外发行人提供 DR 持有人名册等信息。

（四）托管人

托管人（Custodian）由存托人在基础股票发行国家任命并签署合作协议，负责配合和协助存托人的工作，主要职能如下：

第一，保管 DR 所代表的基础证券，并收取和发放基础证券产生的股利。存托人在托管机构开设账户，以该账户记录存托人所持有的基础证券的数额，基础证券数量增减情况以及基础证券相关红利的发放等均通过这个账户完成。

第二，根据存托人的指示在基础股票发行国家代为行使股东权利，如投票表决权、股利分配请求权等。

第三，负责收集和提供境外发行人相关的信息，包括股东大会的日期、地点以及会议主题；股东相关资讯，如境外发行人确定的最后过户日、除权除息日、股利发放日等。

第四，若开展生成兑回业务，则根据存托人的指令在境外市场收取或释放基础股票，协助完成 DR 生成兑回业务。

（五）中央证券存管机构（CSD）

中央证券存管机构负责 DR 的发行登记、交易清算、交易过户以及公司行为处理等，参与完成 DR 的生成和兑回。

（六）基础股票或 DR 持有人

投资者可以在 DR 签发时进行认购和生成，在续存期进行 DR 的生成和兑回，也可以在二级市场上买卖 DR。投资者通过持有 DR 拥有对应基础股票的股东权益（包括投票表决权、分红权等）。如在基础股票发生红利派发时，投资者可以按持有的 DR 数量以及转换比例取得对应金额的红利；当发行人召开股东大会时，尽管 DR 持有人不能直接参加股东大会，但可以向存托人提出投票意愿，由存托人汇总后委托托管人参与投票。

二、现有业务流程

（一）初始发行登记

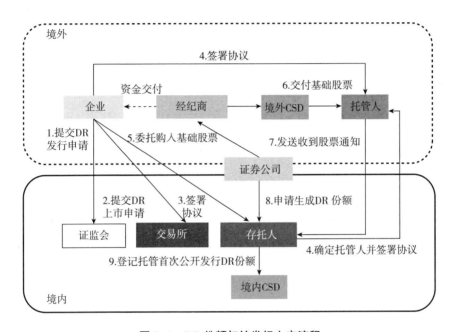

图 2-1 DR 份额初始发行上市流程

DR 的初始发行登记业务主要流程如下：

第 1 步：企业确认发行 DR 方式（基础股票存量或增量发行），DR 数量以及所对应基础股票的数量，然后向境内证监会提交申请。

第 2 步：企业在获得证监会发行许可后，向交易所发送 DR 上市申请。

第 3 步：证监会和交易所通过了企业的 DR 发行上市申请之后，企业确定存托人，与其签署存托协议。

第4步：存托人负责确定托管人，并与托管人签署托管协议。

第5步：证券公司根据投资者的委托，在境外市场委托经纪商购入相应基础股票。图中虚线部分的资金划转取决于企业此次 DR 发行所对应的基础股票是否属于增发还是存量。如果是基于增发的基础股票发行 DR，那么经纪商需将所获资金转付给企业，完成融资功能；如果 DR 发行的基础股票来自存量股票，那么经纪商是在二级市场获得相应基础股票，不需将资金转付企业。

第6步：经纪商通过境外 CSD 向托管人交付 DR 份额所对应的基础股票。

第7步：托管人向存托人发送确认收到证券公司基础股票的通知。

第8步：对应托管人收到基础股票的数量，证券公司向存托人发送创建相应 DR 份额的要求。

第9步：存托人向境内 CSD 申请办理 DR 份额登记。CSD 完成 DR 份额登记后，向企业和存托人出具 DR 登记证明。

（二）DR 与基础股票的转换

1. 基础股票转换为 DR

基础股票转换为 DR 是指基础股票持有人通过证券公司将手中的基础股票转换为 DR 的行为。

具体流程如下：

第1步：境外基础股票持有人通过证券公司，委托其开展基础股票向 DR 转换业务。

第2步：证券公司根据基础股票持有人需求向存托人提出标的公司 DR 的生成申请，同时向境外 CSD 提出基础股票的划转至托管人的指令。

第3步：境外 CSD 根据证券公司申请划转基础股票持有人的基础股票到托管人账户下。

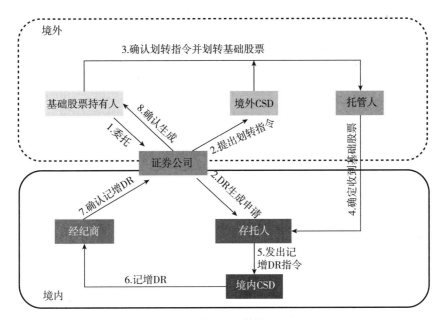

图 2-2 基础股票转换为 DR

第 4 步：托管人确认收到相应的基础股票份额，并告知存托人。

第 5 步：存托人确认收到相应基础股票份额并向境内 CSD 发出 DR 记增指令。

第 6 步：境内 CSD 将相应的 DR 份额记入经纪商的名义持有账户下。

第 7 步：经纪商向证券公司确认记增 DR。

第 8 步：证券公司向基础股票持有者确认 DR 的生成。

2. DR 转换为基础股票

DR 转换为基础股票是指 DR 持有人通过证券公司注销其所持有的 DR，将 DR 转换为基础股票的行为。

具体流程如下：

第 1 步：境内 DR 持有人委托证券公司开展 DR 向基础股票转换业务。

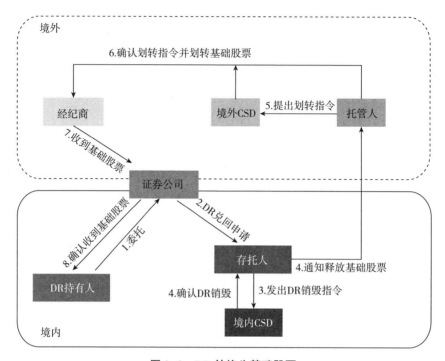

图 2-3 DR 转换为基础股票

第 2 步：证券公司向境内存托人提出 DR 兑回申请。

第 3 步：境内存托人向境内 CSD 发出 DR 销毁指令。

第 4 步：境内 CSD 注销投资者在其登记的相应 DR 份额，存托人据此向境外托管人发出释放基础股票份额的指令。

第 5 步：托管人向境外 CSD 发出基础股票份额划转指令。

第 6 步：境外 CSD 将基础股票从托管人划转至经纪商，经纪商成为基础股票的名义持有人。

第 7 步：经纪商向证券公司确认收到基础股票。

第 8 步：证券公司向境内 DR 持有人确认收到基础股票，DR 兑回操作完成。

（三）二级市场交易结算

DR 在交易所挂牌上市后的交易机制与普通股票大致相同，只是在基本交易单位、委托方式、是否纳入信用交易和费率等方面，可能会有所差异。在结算机制方面也没有差异。

ADR、KDR、TDR 均以本国/地区货币计价和交易。GDR 由于可以在多个市场发行，因此通常以美元计价，但也可以欧元或英镑计价。有些 GDR 还会以交易所在国的货币进行计价发行，如一家印度公司可能会在伦敦发行以英镑计价的 GDR，在东京发行以日元计价的 GDR。CDR 进入二级市场后，在交易所挂牌交易，以人民币进行交易和结算。

（四）DR 相关的公司行为

1. 现金分红

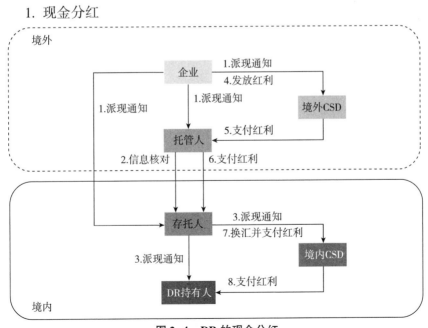

图 2-4 DR 的现金分红

DR 的现金分红由境外企业发起，以存托人为媒介，将境外基础股票的现金分红发放给境内 DR 持有人。

具体流程如下：

第1步：境外企业通知存托人和境外托管人准备发放现金红利。

第2步：存托人根据 DR 持有人名册，核对托管人的现金分红发放信息。

第3步：存托人通知境内 CSD 及 DR 持有人将开展现金分红发放。

第4步：境外企业向境外 CSD 发放现金分红。

第5步：境外 CSD 向托管人支付现金分红。

第6步：托管人向存托人支付现金分红。

第7步：存托人换汇后将现金分红交付给境内 CSD。

第8步：境内 CSD 根据 DR 持有人名册向境内 DR 持有人发放分红。

2. 股票分红

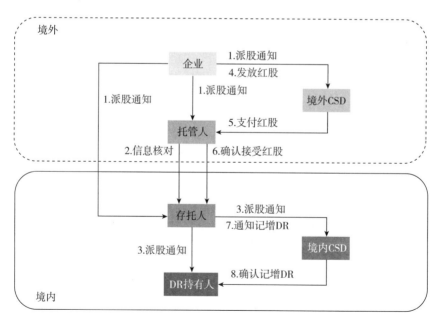

图 2-5　DR 的股票分红

DR 的股票分红由企业发起，以存托人为媒介，将境外标的股票份额的分红以记增 DR 的方式发放给境内 DR 持有人。

第 1 步：境外企业通知存托人和托管人准备发放股票红利。

第 2 步：托管人与存托人核对具体分红信息。

第 3 步：存托人向境内 CSD 和 DR 持有人通知股票分红消息。

第 4 步：境外企业向境外 CSD 发放分红股票。

第 5 步：境外 CSD 向托管人支付红股。

第 6 步：托管人向存托人确认收到分红股票。

第 7 步：存托人要求境内 CSD 根据分红安排为境内 DR 持有人记增 DR。

第 8 步：境内 CSD 按要求为 DR 持有人记增 DR。

3. 股东大会

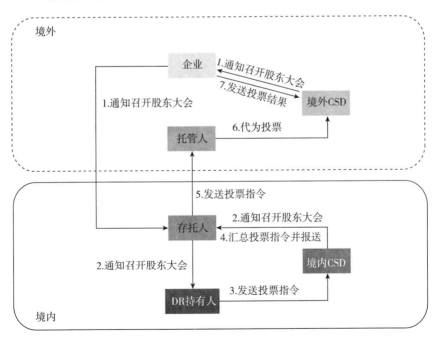

图 2-6　DR 的股东大会

DR 持有人是基础股票的实际持有人，所以当境外企业发起股东大会时，DR 持有人将通过托管人和存托人行使投票权。

第 1 步：企业向境外 CSD 和托管人通知举行股东大会。

第 2 步：存托人将境外企业股东大会信息通知境内 CSD 和 DR 持有人。

第 3 步：境内 DR 持有人通过境内 CSD 的网络投票方式，由境内 CSD 汇集投票结果。

第 4 步：境内 CSD 汇集投票结果后向存托人反馈。

第 5 步：存托人将汇总的投票结果指令发送给托管人。

第 6 步：托管人根据存托人汇总的投票结果，代为行使投票权。

第 7 步：境外 CSD 汇总投票结果后告知企业。

4. 配股

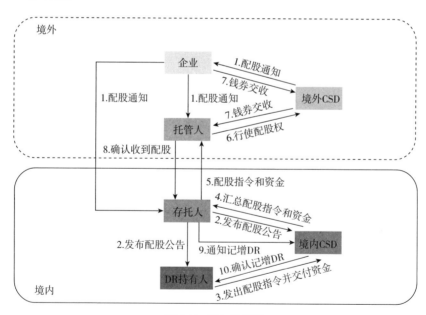

图 2-7 DR 的配股

配股的具体流程如下：

第 1 步：企业发布配股通知。

第 2 步：存托人向境内 CSD 和 DR 持有人发布配股通知。

第 3 步：DR 持有人发出配股交易指令，并交付资金。

第 4 步：境内 CSD 汇总 DR 持有人配股交易指令和资金，并交付给存托人。

第 5 步：存托人将资金换汇后交付境外托管人。

第 6 步：境外托管人代为行使配股权。

第 7 步：境外 CSD 与托管人、企业开展配股的钱券交收。

第 8 步：配股股份到账完毕后，托管人向存托人确认收到配股。

第 9 步：存托人通知境内 CSD 记增配股相对应的 DR 份额。

第 10 步：境内 CSD 向 DR 持有人确认记增 DR 份额。

（五）退市及后续处理

根据退市动作的发起方，DR 退市可分为强制退市和主动退市两种情况。前者指的是由于上市公司因触发交易所退市标准而被交易所勒令退市，后者则是存托凭证企业出于调整发展战略或者规避上市成本等考虑主动要求停止其存托凭证在交易所市场的交易。下面以美国市场为例进行说明。

1. 强制退市

以在纽约证券交易所（简称 NYSE）上市的美国存托凭证（简称 ADR）为例，根据美国 1934 年《证券交易法》以及 NYSE 相关规定，存托凭证强制退市的流程如下[①]：

（1）NYSE 认定某存托凭证企业触发退市标准之后，首先书面形式通知该存托凭证的企业，同时发布公告披露有关情况。企业有权在

---

① 参见 SEC，"Final Rule, Removal from Listing and Registration of Securities Pursuant to Section 12（d）of the Securities Exchange Act of 1934"；NYSE，"804.00 Procedure for Delisting"，Listed Company Manual.

收到 NYSE 书面通知后 10 个工作日内申请 NYSE 董事会的专设委员会对退市决定进行复议。

（2）如果企业在收到 NYSE 书面通知后 10 个工作日内没有申请复议，NYSE 将首先在其官网上公布将对前述存托凭证企业实施强制退市的决定，之后向美国证监会提交退市申请的 25 号表（Form 25）。退市于提交 25 号表 10 天后正式生效。

（3）如果企业收到 NYSE 书面通知后 10 个工作日内提起复议申请，则 NYSE 董事会委员会将听取交易所和企业双方的意见并作出裁决。如果 NYSE 董事会委员会最终决定维持退市决定，则 NYSE 将按前述第（2）条的程序推进退市工作。

2. 主动退市

根据美国 1934 年《证券交易法》以及相关规则的规定，存托凭证企业主动退市的一般流程如下：

（1）存托凭证企业将其退市的意图告知证券交易所。

（2）第一步完成至少 10 天后，存托凭证企业应向美国证监会提交用于退市申请的 25 号表；表格及相关报送证监会的退市申请材料复本应同时提交证券交易所。

（3）提交 25 号表至少 10 天后，该企业的存托凭证正式退市。

对于从证券交易所退市的存托凭证，又依存托凭证在退市后是否存续存在两种情形：一种是存托凭证在退市后仍然存续，并转至其他交易场所（如场外市场）进行交易，企业与存托人之间的存托协议关系并未改变。另一种是存托凭证在退市后不再存续。在这种情况下，企业及存托人一般会允许投资者在一段时间内交回自己持有的存托凭证份额并将相应的基础证券交付原存托凭证持有人（扣除相关税费之后），或者强制将基础证券卖出，按比例分给存托凭证持有人后注销存托凭证。

第二节　现有存托凭证的预发行问题

由于跨境结算业务处理耗时长，再加上时差因素，按部就班的 DR 发行周期较长，容易错过最佳发行时点。为了提升发行效率，在实践中通常采用预发行（Pre-release）制度，即在境外基础股票还未到位的情况下，存托人预先发行 DR。这就有可能产生"双花"的问题：虚增 DR，用于裸卖空和偷税，涉嫌欺诈发行。这是效率与安全的"两难"：要么通过预发行，提高效率，但存在风险隐患；要么不允许预发行，但效率低下。

一、存托凭证预发行概念及现有应对机制

预发行是存托凭证的一种特殊发行形式。根据一般业务流程，只有在境外基础股票完全到位之后才能在境内发行存托凭证（如我国"沪伦通"业务）。但 DR 涉及多方主体，信息交互要求高，发行流程长，效率低，若按正常流程，只有存托人确认获得证券公司足额交付的基础股票之后，才能签发存托凭证，那么则很可能错过发行最佳时点。由此，预发行制度应运而生。存托人可以根据事先约定，在基础证券完全到位之前，预先发行对应数量的存托凭证，从而提升了存托凭证发行的效率，降低投资者面临的价差和流动性风险。但另一方面，在基础证券尚未到位的情况下就发行存托凭证，实质上是一种临时性的证券虚发行为。

因此，确保预发行存托凭证份额所对应的基础证券及时交付则成为预发行机制的关键。以交易最为活跃的美国存托凭证 ADR 为例：美国要求存托协议和预发行协议中约定预发行 ADR 的机构（证券公司、

证券公司）或其客户应遵守以下规定：（1）受益持有作为预发行 ADR 基础的外国证券；（2）在预发行交易存续期内将该外国基础证券的相关权益让渡给存托人；（3）不得采取任何与受益所有权让渡动作不相符的行为。上述三点协议约定统称"预发行声明"（Pre-release Representation），证券公司要按此向存托人提交由其相关负责人签字的证明（Certification）。这种机制本质上是将基础证券的存托责任从存托人（及其托管行）扩大到预发行 ADR 份额的持有人，以确保基础证券与预发行 ADR 份额所代表的基础证券的总数在预发行交易存续期间保持稳定①。此外，与存托人签订协议开展预发行业务的证券公司还应向存托机构缴纳担保品②。

二、存托凭证预发行的风险：以美国为例

2017 年 1 月，美国证监会（SEC）发布公告称，美国证券公司 ITG 同意因其在美国存托凭证预发行交易中的不当行为支付 2400 万美元的和解金③。SEC 在公告中指称，ITG 公司在自身不拥有外国基础证券也未采取措施确保外国基础证券按协议约定交付并托管的情况下，利用美国存托凭证预发行交易为其对手方卖空提供便利并从中获利④，并涉

---

① SEC, "Administrative Proceeding File No. 3-17770 in the Matter of ITG Inc. ", January 2017.

② 通常为价值等同于待交付基础证券市值的现金，托管人还会根据预发行存托凭证价值的一定比例向证券公司收取利息。此外实践中，存托人往往会为证券公司提供一定水平的信用额度，用以覆盖基础证券市值变动造成的敞口。

③ 根据媒体报道，这一数额中超过 1500 万为 ITG 公司的非法所得，180 为利息收入，真正的罚金只有 750 万美元。参见 Chris Kentouris, "Pre-Released ADRs: More SEC Fines on the Way?", FinOps, 30 Jan 2017.

④ 媒体报道显示，SEC 经调查发现，ITG 曾在 2011—2014 年三年内多次进行此类操作。参见 Jeff Patterson, "ITG Settles for Over ＄24m with SEC Over ADR Securities Violations", Finance Magnates, 12 Jan 2017.

嫌"股利套利"活动①。随后在 2017 年 6 月，SEC 再次发布公告，宣布对 ITG 公司原董事总经理、运营主管 Anthony Portelli 展开执法调查，并指控其对 ITG 公司的证券借贷业务疏于监督，致使该公司美国存托凭证预发行业务违规②。伴随着 SEC 调查的不断深入，多家证券公司和存托人均卷入该案。截至 2018 年底，SEC 已经对 ITG、Banca IMI 等相关证券公司以及纽约梅隆银行、摩根大通等美国存托凭证存托人分别采取了 8 起和 4 起执法措施③。

综合 SEC 公告和媒体对相关案件的报道，可以看到虽然存托凭证预发行机制建立了一定的风险应对机制，但仍存在三方面风险：

1. 欺诈发行

在虚增 ADR 份额获利案件中，证券公司在自身并未持有基础证券的情况下将预发行 ADR 份额故意出借给其他也不持有基础证券的对手方，是最为常见的形式。这涉嫌违反美国 1933 年《证券法》第 17（a）（3）条有关禁止在证券发行或交易中以欺诈手段损害证券购买者利益的规定，以及 1934 年《证券交易法》第 15（b）（4）（E）条有关交易证券公司有责任监督其下属相关人员、及时发现并制止其开展违反联邦证券法的行为的有关规定。

2. 助长裸卖空

利用 ADR 预发行支持裸卖空的手法常见于流动性较低、难以借到的 ADR。2005 年 3 月实施的美国《证券卖空规则》（Regulation SHO）规定，证券公司在执行卖空交易之前必须"圈定"（Locate）待交付的

① SEC. ITG Paying ＄24 Million for Improper Handling of ADRs［N］. Press Release，2017-01-12.

② SEC. Additional Charges Announced in Case Involving Pre-released ADRs［N］. Press Release，2017-06-22.

③ SEC，"JP Morgan to Pay More Than ＄135 Million for Improper Handling of ADRs"，26 December 2018；从怀挺、谢贵春，《关于对中介机构虚增存托凭证进行有效监管的思考》，《证券法制参考》2018 年第 5 期（总第 421 期），2018 年 8 月 13 日。

证券，或者其有适当理由相信其卖空的证券可以通过借贷或者交易等方式获取。裸卖空较为稀缺的 ADR 份额的市场机构可通过借入预发行 ADR 履行交收义务，避免交收失败，从而达到规避《证券卖空规则》的效果。

3. 为涉嫌偷税的股利套利活动提供便利

操作手法是，利用税务当局对基础证券持有人和存托凭证持有人征税政策的差异，首先借入预发行的存托凭证份额，而后通过存托人兑回基础证券并收取全额股利后，截留本应由中介机构代扣并缴纳给基础证券发行市场税务当局的税款，将剩余的股利转发存托人，再将基础证券换成存托凭证份额并返还中介机构平仓。

例如：2014 年 5 月，美国证券公司 ITG 公司与存托人 A 进行预发行交易，获得以法国企业 B 股票为基础证券的预发行 ADR 共计 75 万份。ITG 随后将这笔预发行 ADR 转借给 C 公司，C 公司转手向存托人发起兑回申请，将 ADR 份额全部换成企业 B 的股票。由于预发行 DR 没有实质与之对应的基础股票，C 公司实际占用了 ADR 持有人的基础股票。此期间，法国企业 B 对股东分配股利，而根据法国税务制度以及美国与法国签订的税务协定，C 公司作为企业基础股票持有人的所得股利免税，可拿到 100% 的股利，如果是 ADR 持有人，所得股利则按 30% 税率纳税，也就是说，ADR 持有人作为实际股利的受益者，应拿到 70% 的股利。两者之间 30% 的股利按理应缴纳给美国税务部门，但被 ITG 公司、存托人以及 C 公司截留 "瓜分" 了。C 公司获得 13% 股利，剩余 87% 股利交给 ITG，然后 ITG 再截留 8.75% 股利，剩下 78.25% 股利由 ITG 转交给存托人，存托人获得 8.25% 股利，最后将 70% 股利发放给 ADR 持有人。

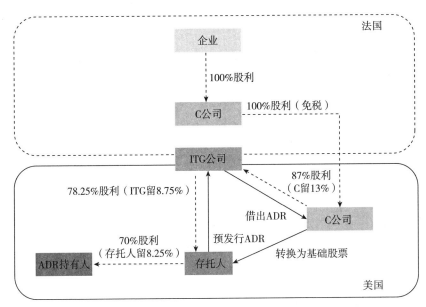

图 2-8   利用存托凭证预发行制度进行股利跨境套利

三、效率与安全的两难

前述美国市场发生的中介机构虚增存托凭证案反映出现行存托凭证业务存在效率与安全的两难问题。

一方面，预发行机制虽然效率较高，但潜在风险大。回顾 1927 年存托凭证诞生的历史以及目前境外发达市场存托凭证业务模式，不难发现，存托凭证不同于其他直接跨境投资或者融资方式，本质上是一种由中介机构驱动并提供部分关键基础设施服务的业务。近百年来，以证券公司和存托人为核心的存托凭证发行模式，以相对较低的成本实现了地理位置、市场条件、监管环境可能大相径庭的市场之间的互联互通，为企业和投资者跨境投融资提供了极大的便利，提升了资本市场的运行效率。但如果缺乏有效的监督机制，难免会出现中介机构滥用自身优势地位的可能。就像前述的美国市场预发行虚增案，预发行参与各方为了获利可能会合谋：存托人睁一只眼闭一只眼，安心赚取预发行存托凭证生成兑回手续费以及证券公司提供的现金担保品的利息；证券公司则滥用自身信息优势，或出借预发行存托凭证份额赚取利息，或借入预发行存托凭证份额换取基础股票进行股利套利。双方心照不宣，各取所需，将投资者、企业乃至监管机构都蒙在鼓里。

另一方面，如果要彻底解决前述预发行机制被滥用的问题，可以取消预发行制度，规定存托人只能在确认收到证券公司交付的基础证券之后才能签发存托凭证。如"沪伦通"东向（即以伦敦证券交易所上市的股票作为基础证券发行"中国存托凭证"）就不允许预发行机制。"沪伦通"业务规则明确规定，存托人只能在证券公司（规则中称"跨境转换机构"）足额交付基础证券之后才能签发存托凭证，证券公司交付基础证券之后应向上交所确认。此外，业务规则要求存托人应每日向上交所提供存托凭证当日余额以及其托管人提供的当日基础证券余额数据，证券公司应在每日开盘前核对存托凭证当日可卖余额，如与其交付托管人的基础证券数量不一致应向交易所报告[①]。显然，要求存托人确认收到证券公司交付的基础证券之后才能签发存托凭证，势必会降低跨境投融资活动的灵活性和资金使用效率。

或者仍然保留预发行制度，但要求证券公司和存托人定期向监管机构或者交易所等一线监管机构报送基础证券持仓和存托凭证存续量情况。业务相关方之间信息报送要求的增加，无论有没有预发行安排，虽然可能缓解现行机制下的信息不对称问题，但也必然造成证券公司、存托人乃至企业的披露和报告义务负担的增加和合规成本的提升。

---

① 参见上海证券交易所，《上海证券交易所与伦敦证券交易所互联互通存托凭证上市交易暂行办法》。

第三节　基于区块链的存托凭证方案

区块链技术为解决上述存托凭证发行业务问题提供了全新的思路。在此，笔者提出基于区块链的新型存托凭证方案。在链上开展存托凭证的发行、生成和兑回，并通过 HTLC 跨链技术与基础股票的 DLT 账本、境内外 DLT-PS 等系统进行交互。与现行业务模式相比，基于区块链的存托凭证方案可实现效率与安全的两全。

一是高效。系统可 7×24 小时运行。不同于现行业务的双边交互模式，在同一网络即可实现多方的信息交互，业务处理效率大大提升，可根据实际需求增减节点或创设新的节点类型。在某种意义上，存托人、托管人等中介机构或将变得多余，他们的角色可由托管智能合约承担，由此进一步提高了信息交互效率。利用智能合约技术，可自动执行 DR 的发行、兑回、公司行为以及涉及的 DVP、PVP、DVD 等各类业务。只要基础股票一到位即可发行 DR，没有时滞性。

二是安全。分布式账本透明、难以篡改、可追溯、可审计，杜绝因信息不对称而利用欺诈手段牟利的可能。对监管机构可见，可开展穿透式监管。特别是无需采用预发行制度，避免因预发行而带来的各种风险。通过具有原子性的款款对付（DVD）保障境内外基础股票与存托凭证数量的一致，防止 DR 虚增与"双花"问题。

一、基础股票转换为 DR

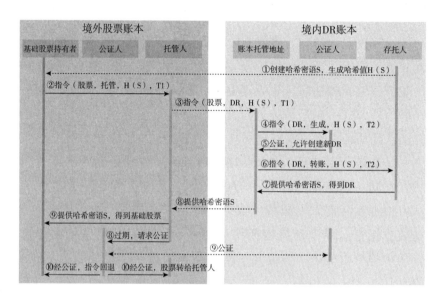

图 2-9　基于区块链的基础股票转换为 DR

步骤1：境内存托人创建哈希密语S，以此算出它的哈希值H（S），发送给境外基础股票持有者。

步骤2：境外基础股票持有者创建基础股票托管指令，并规定以下两种输出状态。一是如果境外托管人能提供满足 H（S）的哈希密语S，那么，基础股票的接收人是境外托管人，也就是将基础股票划转给买方，交其托管。二是如果时间超过 T1 且境外托管人未提供正确的哈希密语，那么基础股票的接收人是境外基础股票持有者，即证券退回境外基础股票持有者地址。境外基础股票持有者对证券托管指令进行签名，然后提交境外股票账本进行共识验证，并同时发送给境外托管人。

步骤3：境外托管人在基础股票账本收到境外股票账本上的证券划

转指令后，"通知" DR 账本上托管地址启动 DR 生成程序。

步骤 4：DR 账本上托管地址向境内 DR 账本公证人（可为监管部门或传统 CSD，后文不再赘述）发送 DR 生成申请指令。

步骤 5：境内 DR 账本公证人审核 DR 生成申请指令，允许托管地址创建新的 DR。

步骤 6：托管地址创建 DR 转账指令，并规定以下两种输出状态。一是如果境内存托人能提供满足 H（S）的哈希密语 S，那么 DR 的接收人是境内存托人，也就是将 DR 划转给存托人。二是如果时间超过 T2（T2<T1）且境内存托人未提供正确的哈希密语 S，那么 DR 的接收人是托管地址，即证券退回托管地址，托管地址将自动销毁或锁定 DR。托管地址对 DR 转账指令进行签名，然后提交 DR 账本进行共识验证，并同时发送给境内存托人。

步骤 7：境内存托人向 DR 账本提交哈希密语 S，从而获得 DR，而托管地址则得到哈希密语 S，并将其发送给境外基础股票账本的托管人。

步骤 8：境外托管人向境外基础股票账本提交哈希密语 S，从而获得基础股票。

如果境外托管人拿到哈希密语 S 之后，没有及时向境外基础股票账本提交，导致时间过期，即超过 T2，那么他可向境外基础股票账本公证人提请公证。境外基础股票公证人会同境内 DR 公证人进行公证，如果 DR 已成功划转，那么判定基础股票归托管人所有，如果 DR 没有成功划转，那么判定基础股票不能划给托管人。

二、DR 转换为基础股票

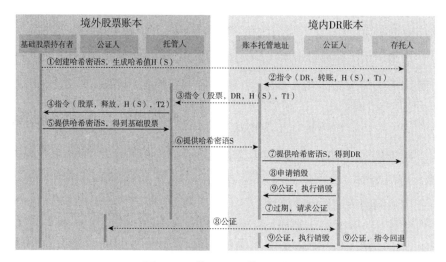

图 2-10 基于 DLT 的 DR 兑回

步骤 1：基础股票持有者创建哈希密语 S，以此算出它的哈希值 H（S），发给境内存托人。

步骤 2：境内存托人创建 DR 转账指令，并规定以下两种输出状态：一是如果托管地址能提供满足 H（S）的哈希密语 S，那么，DR 的接收人是托管地址，也就是将 DR 划转给托管地址。二是如果时间超过 T1 且托管地址未提供正确的哈希密语 S，那么 DR 的接收人是境内存托人，即 DR 退回境内存托人。境内存托人对 DR 转账指令进行签名，然后提交 DR 账本进行共识验证，并同时发送给托管地址。

步骤 3：托管地址在 DR 账本收到 DR 划转指令后，"通知"境外托管人启动 DR 兑回程序。

步骤 4：境外托管人创建基础股票转账指令，并规定以下两种输出状态。一是如果基础股票持有者能提供满足 H（S）的哈希密语 S，那么，基础股票的接收人是基础股票持有者，也就是将基础股票转给基础股票持有者。二是如果时间超过 T2（T2<T1）且基础股票持有者未提供正确的哈希密语，那么基础股票的接收人是境外托管人，即基础股票退回境外托管人。境外托管人对基础股票转账指令进行签名，然后提交基础股票账本进行共识验证，并同时发送给基础股票持有者。

步骤 5：基础股票持有者向基础股票账本提交哈希密语 S，从而获得基础股票。

步骤 6：境外托管人得到哈希密语 S，并将其发送给 DR 账本托管地址。

步骤 7：DR 账本托管地址向境内存托人提交哈希密语 S，从而获得 DR。

步骤 8：DR 账本托管地址向境内 CSD 申请销毁 DR。

步骤 9：经境内 CSD 公证，DR 账本销毁 DR。

三、DR 的公司行为

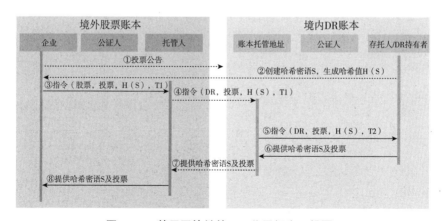

图 2-11　基于区块链的 DR 公司行为（投票）

步骤 1：境外企业发起投票公告指令，经境外股票账本发送至境内 DR 账本。

步骤 2：境内 DR 账本发起关于公司投票的共识验证。

步骤 3：境内 DR 账本将共识验证结果发送给境外基础股票账本。

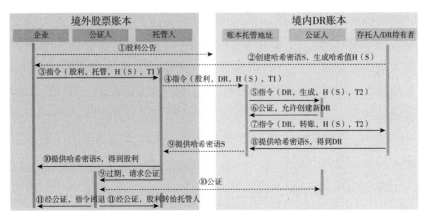

图 2-12　基于区块链的 DR 公司行为（股利发放）

企业发起股利公告指令，由境外股票账本发送至境内 DR 账本。随后，境外基础股票的股利发放以及境内相应增加的 DR 生成与基础股票转换为 DR 的流程一致。

四、DR 发行与兑回的 DVP、PVP 和 DVD

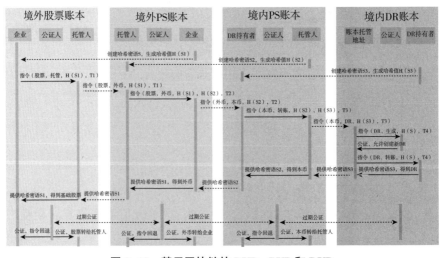

图 2-13　基于区块链的 DVP、PVP 和 DVD

前述 DR 与基础股票的转换以及公司行为仅考虑境外股票账本与境内 DR 账本之间的券券对付（DVD），但实践中 DR 发行与兑回还涉及资金的跨境交收，若考虑资金因素，整个业务流程还包含 2 个券款对付（境外基础股票与外币资金的券款对付、境内 DR 与本币资金的券款对付）、1 个款款对付（外币资金与本币资金的款款对付）。由于涉及 4 个账本的原子交易，因此需要创建 3 个哈希密语 S。下面以 DR 初始发行为例，兑回的流程与初始发行相反。

步骤 1：境外 PS 账本的企业创建哈希密语 S1，以此计算出它的哈希值 H（S1），发给境外基础股票账本的企业。境内 PS 账本的托管人创建哈希密语 S2，以此计算出它的哈希值 H（S2），发给境外 PS 账本的托管人。境内 DR 账本的 DR 投资者创建哈希密语 S3，以此计算出它的哈希值 H（S3），发给境内 PS 账本的投资者。

步骤 2：境外基础股票账本的企业创建基础股票转账指令，并规定以下两种输出状态。一是如果托管人能提供满足 H（S1）的哈希密语 S1，那么基础股票的接收人是托管人，也就是将基础股票划转给托管人。二是如果时间超过 T1 且托管人未提供正确的哈希密语，那么基础股票的接收人是企业，即退回企业。企业对基础股票转账指令签名，然后提交境外基础股票账本进行共识验证，并同时发送给托管人。

步骤 3：境外基础股票账本的托管人收到基础股票转账指令后，"通知"境外 PS 账本的托管人启动外币资金转账程序。

步骤 4：境外 PS 账本的托管人创建外币 PS 转账指令，并规定以下两种输出状态：一是如果企业能提供满足 H（S2）的哈希密语 S2 以及 H（S1）的哈希密语 S1，那么外币的接收人是企业，也就是将外币划转给企业。二是如果时间超过 T2（T2<T1）且企业未提供正确的哈希密语，那么外币的接收人是托管人，即退回托管人。托管人对外币 PS 转账指令签名，然后提交境外 PS 账本进行共识验证，并同时发送给

企业。

步骤5：境外 PS 账本的企业收到外币 PS 转账指令后，"通知"境内 PS 账本的 DR 投资者启动本币资金转账程序。

步骤6：境内 PS 账本的 DR 投资者创建本币 PS 转账指令，并规定以下两种输出状态：一是如果托管人能提供满足 H（S3）的哈希密语 S3 以及 H（S2）的哈希密语 S2，那么，本币的接收人是托管人，也就是将本币划转给托管人。二是如果时间超过 T3（T3<T2）且企业未提供正确的哈希密语 S，那么本币的接收人是 DR 投资者，即退回 DR 投资者。DR 投资者对本币 PS 转账指令签名，然后提交境内 PS 账本进行共识验证，并同时发送给托管人。

步骤7：境内 PS 账本的托管人收到本币 PS 转账指令后，"通知" DR 账本托管地址启动 DR 转账程序。

步骤8：DR 账本托管地址向境内 CSD 发送 DR 生成申请指令。

步骤9：境内 CSD 审核 DR 生成申请指令，允许托管地址创建新的 DR。

步骤10：托管地址创建 DR 转账指令，并规定以下两种输出状态：一是如果投资者能提供满足 H（S3）的哈希密语 S3，那么，DR 的接收人是投资者，也就是将 DR 划转给投资者。二是如果时间超过 T4（T4<T3）且投资者未提供正确的哈希密语 S，那么 DR 的接收人是账本托管地址，即退回账本托管地址，托管地址将自动销毁或锁定 DR。账本托管地址对 DR 转账指令进行签名，然后提交 DR 账本进行共识验证，并同时发送给投资者。

步骤11：投资者向 DR 账本提交哈希密语 S3，从而获得 DR，而托管地址则得到哈希密语 S3，并将其发送给境内 PS 账本的托管人。

步骤12：托管人向境内 PS 账本提交哈希密语 S3，以及他创建的哈希密语 S2，从而获得本币。DR 投资者得到哈希密语 S2，将其发送给境外 PS 账本的企业。

步骤 13：企业向境外 PS 账本提交哈希密语 S2，以及他创建的哈希密语 S1，从而获得外币。托管人得到哈希密语 S1，将其发送给境外基础股票账本的托管人。

步骤 14：托管人向境外基础股票账本提交哈希密语 S1，从而获得基础股票。

第三章　基于区块链的场内衍生品 FMI：以期货、期权为场景

　　场内衍生品交易与现货交易的业务流程基本相似，从交易到清算，再到结算，因此第一章提出的区块链方案也适用于期货、期权等场内衍生品交易。可按照同样的思路在区块链上构建衍生品交易的 BBO 智能合约、Trade 智能合约、CCP 担保交收智能合约、CCP 风险管理智能合约。

　　但场内衍生品交易与现货交易又不完全一样。一是期货、期权的登记不仅包括权利的登记，还包括义务的登记；二是衍生品合约真正到期交割的较少，交易者往往在交割前已平仓；三是场内衍生品交易均采用 CCP 清算和担保交收，非集中交易的现货交易则不一定采用 CCP 担保交收；四是场内衍生品交易根据浮动盈亏，对保证金进行日终无负债结算；五是场内衍生品到期交割时，还涉及标的物的交割，这与第二章的存托凭证业务相似，同时进行券款对付和券券对付。在此，本章以 HTLC 为基本技术思路，重点讨论了期货、期权等场内衍生品如何在区块链技术框架下开展开仓、保证金日终结算、强制平仓、到期交割等业务。

第一节 现行方案

一、期货

期货是期货交易所制定的交易双方约定在未来某一特定时间、以某一特定价格、买卖某一特定数量资产的标准化合约。期货合约无需一直持有到期交割，投资者可在交割前卖出平仓。期货实施交易保证金制度和日终无负债结算制度。

交易保证金制度旨在防范交易双方的违约风险，首先交易者在新开仓时需缴纳初始保证金，通常是交易金额乘以保证金比率，假定一份铜期货合约的合约规模是 10 吨，保证金比率为 5%，现在铜期货价格是 6 万元/吨，那么一份铜期货合约的初始保证金为 6 万×10×5% = 3 万元。这是买卖双方在开仓时均须缴纳的保证金。

在持仓过程中，随着市场行情的不断变化，买卖双方产生浮动盈亏。日终无负债结算制度即是在日终收盘后，交易所根据当天的交易情况公布结算价，计算保证金账户盈亏情况，进而对保证金账户余额进行增减：减少浮动亏损的客户的保证金账户余额，增加浮动盈利的客户的保证金账户余额。日终无负债结算制度也称为逐日盯市制度。按上例来看，当铜期货结算价跌至 5.9 万元/吨，多方的浮动亏损为 1 万元，相应的保证金账户余额减少 1 万元，空方的浮动盈利为 1 万元，相应的保证金账户余额增加 1 万元。

被减少的客户的保证金账户余额必须维持在规定的最低水平，即维持保证金，计算公式为结算价×持仓量×保证金比率×维持保证金系数。当保证金账面余额低于维持保证金时，客户必须在规定时间内补充保证金，使保证金账户的余额不低于维持保证金，否则在下一交易日，交易所或代理机构有权实施强行平仓。这部分需要新补充的保证金就称追加保证金。假定上例的铜期货维持保证金系数为 0.75，由于多方的保证金余额为 2 万元，低于维持保证金 5.9 万 × 10 ×5% × 0.75 = 22125 元，因此须追加保证金 2125 元，否则将在 T+1 日被强制平仓。

期货的业务流程大概如下：

步骤 1：投资者开仓，缴纳初始保证金。

步骤 2：T 日交易结束，开展保证金日终结算，根据浮动盈亏情况，增减保证金账户余额。

步骤 3：根据新的价格计算维持保证金，若保证金不足，要求客户追加保证金。

步骤 4：T+1 日，若客户保证金未追加保证金，低于维持保证金水平，则强制平仓。

步骤 5：T+N 到期交割，可采用现金结算或实物结算。

二、期权

期权是指合约买卖双方约定在未来一段时间内或未来某一特定日期合约买方（即多头）有权利以事先商定的价格向合约卖方（即空头）购买或出售一定数量标的物的合约。为了得到这一权利，合约买方须向合约卖方支付权利金。如果是购买标的物的权利，那么为看涨期权，而如果是卖出标的物的权利，则为看跌期权。如果这一权利可提前执行，那么为美式期权，而如果仅能在到期日执行，则为欧式期权。

同期货一样，期权也实施交易保证金制度和日终无负债结算制度。不同之处在于期货交易双方的权利义务对等，而期权交易双方的权利义务不对等，因此期权的交易保证金制度和日终无负债结算制度只适用于期权义务方。

如果期权义务方无法在交收日备齐足额的资金或证券用于交收履约，就会被判定为违约。违约的期权义务方可能会被处罚，包括缴纳罚金、限制交易权限等。为防范期权义务方的违约风险，在每日收市后需要按照合约结算价向期权义务方收取维持保证金，如果义务方保证金账户内的可用资金不足，就会被要求补交保证金，若未在规定的时间内补足保证金，期权义务方将被强行平仓。

期权的保证金算法要比期货更为复杂。根据计算方法与原理的不同，可分为策略保证金管理模式和组合保证金管理模式两类。

策略保证金管理模式也称为静态保证金制度，以传统模式、Delta模式为代表，针对单个合约设置固定比例的保证金制度，通常能覆盖市场总体风险，但由于忽视了各项投资间的实际相关性，保证金水平大多情况下偏高。不过由于计算简单快捷，故迄今为止仍有一定的市场，包括中国期货市场在内的一些亚洲衍生品市场的保证金设置以及美国证券业对客户保证金的计算均属于这种模式。

组合保证金管理模式在近十几年来渐渐得到市场的重视，主要代表为 SPAN 和 TIMS。它在计算风险时以投资的风险价值为基础，考虑投资的波动性以及各投资组合间的相互作用。与策略性模式相比，这一模式可在有效控制同样市场风险的前提下降低投资成本，以较小的市场风险管理成本，换取了较高的市场运行效率。

目前，国际主要衍生品交易所大多数采用 SPAN 模式，据不完全统计，全球有至少 54 个交易所和清算机构应用 SPAN 模式来评估风险以及计算保证金。也有相当一部分衍生品交易所采用美国期权结算公司（OCC）开发的 TIMS 模式。尽管 STANS 模式被推崇为现今最先进的保证金模式，但这种模式并没有推广开来，目前仅有 OCC 一家在使用。

表3-1 国际主流衍生品交易所采用的保证金模式（截至2016年底）

交易所	保证金模式	交易所	保证金模式
韩国交易所（KRX）	COMS	芝加哥商品交易所（CME）	SPAN
俄罗斯交易所（RTS）	固定比例	芝加哥期权交易所（CBOE）	SPAN
大连商品交易所（DCE）	固定比例	芝加哥期货交易所（CBOT）	SPAN
上海期货交易所（SHFE）	固定比例	芝加哥中美洲商品交易所（MACE）	SPAN
郑州商品交易所（ZHCE）	固定比例	芝加哥气候交易所（CCX）	SPAN
台湾期货交易所（TAIFEX）	传统方式	巴西证券期货交易所	SPAN
欧洲期货交易所（EUREX）	改进TIMS	加拿大温尼伯商品交易所（WCE）	SPAN
维也纳证券交易所（VIE）	TIMS	加拿大衍生品清算所（CDCC）	SPAN
意大利证券交易所	TIMS	悉尼期货交易所（SFE）	SPAN
墨西哥衍生品交易所	TIMS	印度国家证券交易所（NSE）	SPAN
美国期权结算公司（OCC）	STANS	新西兰交易所（NZX）	SPAN
波士顿期权交易所（BOE）	TIMS	新加坡商品交易所（SGX）	SPAN
美国证券交易所（ASE）	TIMS	东京证券交易所（TSE）	SPAN
费城证券交易所（PHLX）	TIMS	大阪证券交易所（OSE）	SPAN
太平洋证券交易所（PSE）	TIMS	东京金融交易所（TFE）	SPAN
澳大利亚证券交易所（ASX）	TIMS	东京谷物交易所（TGE）	SPAN
马来西亚衍生品交易所	TIMS	香港交易所（HKEX）	DCASS

（一）静态保证金制度

传统模式是最早期的保证金计算方法，最初由芝加哥期权交易所于1973年开发使用，是基于单一合约的保证金模式。在传统模式下，期权保证金的计算包括三项：权利金、标的物价格、期权虚值额。以上证50ETF期权合约为例，认购期权义务仓维持保证金＝[合约结算价+Max（12%×合约标的收盘价-认购期权虚值，7%×合约标的收盘价）]×合约单位；认沽期权义务仓维持保证金＝min[合约结算价+Max（12%×合约标的收盘价-认沽期权虚值，7%×合约标的收盘价），行权价]×合约单位。

　　显然，期权的维持保证金与期权虚值成反比：当期权处于平值和实值状态时，期权的虚值为 0，上证 50ETF 认购期权义务仓维持保证金水平＝［合约结算价+12%×合约标的收盘价］×合约单位；当期权处于轻度虚值状态时，收取的期权保证金数额在［合约结算价+12%×合约标的收盘价］×合约单位与［合约结算价+7%×合约标的收盘价］×合约单位之间，随着期权虚值的不断增大，保证金水平也逐渐递减，直至为［合约结算价+7%×合约标的收盘价］×合约单位。期权虚值越大，权利方执行的可能性越小，义务方的违约风险越低，因此要求缴纳的维持保证金越低。

　　总的来看，按照传统模式收取的保证金规模较大，期权义务仓支付了较高的资金成本，容易造成交易不活跃。且只针对单一的期权合约，在期权组合中相关的期权合约之间不能互相抵扣，这使得投资者的交易成本更高。

　　Delta 模式是基于传统模式上的一种创新，在保证金的计算公式中引入了 Delta 系数。Delta 指期权价格变动与其标的资产价格变动的比率，以期货期权为例：

　　|Delta|＝期权价格变动/期货价格变动

　　其中，0<|Delta|<1。

　　Delta 模式下的期货期权保证金公式为：

　　期权保证金＝合约结算价+|Delta|×期货保证金

　　当|Delta|趋近于 1 时，期权处于深度实值状态，被执行的可能性非常大，期货期权保证金近似权利金与期货保证金之和，当|Delta|趋近于 0 时，期权处于深度虚值状态，被执行的可能性很小，期货期权保证金近似为权利金。

　　相对传统保证金模式，Delta 模式计算出的保证金数额较低，资金的使用率较高，同时，Delta 系数的应用使保证金中体现了交易风险的增减。但是 Delta 模式仍有许多不足，Delta 模式只考虑了标的期货合约价格变动造成的风险，忽略了其他因素对期权风险的影响。其次，Delta 更多反映的是历史状况，缺少对未来风险的预测。因此随着新的组合保证金管理系统的推出，Delta 模式已经被放弃使用。

（二）组合保证金管理模式

SPAR（Standard Portfolio Analysis of Risk），由芝加哥商品交易所（CME）于 1988 年推出，现已被全球大多数商品交易所和其他期货衍生品交易所采用，逐渐成为计算衍生品投资组合保证金的行业标准。

SPAN 支持 Black-Scholes、Cox-Ross-Rubinstein、Merton、Whaley-Adesi 等各类期权模型，用户可以根据产品的需要选用。SPAN 算法模拟和计算期权组合在各种市场情景下的风险价值（Value at Risk），然后加入未考虑的额外风险，并减去可以相互抵消的风险，修正得到一个比较合理的保证金。SPAN 系统允许多头和空头头寸相互对冲，对有关联性的不同期权的风险进行了抵消。

具体算法如下：

单个投资组合风险值 = *max*｛看跌期权的最小保证金要求值（*Short Option Minimum*），

［价格扫描风险（*Scan Risk*）+跨月价差头寸风险（*Intra Commodity Spread Risk*）+

交割风险（*Delivery Add On Charge*）−跨资产间的价差抵扣（*Inter Commodity Spread Credit*）］｝

价格扫描风险（Scan Risk）是指在 16 种情景下可能遭受的最大损失，这 16 种情景包括在设定区间内变化的 14 种情景，再加上两种在价格极端变化（3 倍于正常区间）情况下而造成最大损失值的 30%；跨月价差头寸风险（Intra-Commodity Spread Risk）是指同一标的衍生品因期限不同而导致的风险；交割风险（Delivery Add-On Charge）是指实物交割中可能产生的风险，这是因为在衍生品市场交易中，合约在临近交割期时价格波动性增大；跨资产间的价差抵扣（Inter-Commodity Spread Credit）是指不同产品之间因为相关性而产生的抵消效果。

$$投资组合总风险值 = \sum 各组内风险值$$

算出投资组合总风险后，进一步计算总头寸的净期权价值（Net Option Value）。净期权价值是指如果所有期权头寸按照现在市价立即平仓后的现金流量，正值表示现金流入，负值表示现金支出。SPAN 根据计算出的风险值，减去净期权价值金额，作为应收客户的保证金（SPAN Total Requirement）：

$$SPAN 总体应收保证金 = 投资组合总风险值 - 净期权价值$$

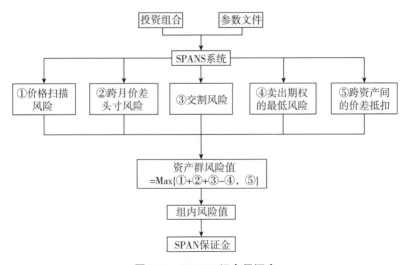

图 3-1　SPANS 组合保证金

TIMS（Theoretical Inter-market Margin System）模式由 OCC 于 1986 年 4 月推出，主要针对股票和市场指数的衍生品。TIMS 采用了科斯-罗斯-鲁宾斯坦二叉树（Cox-Ross-Rubinstein binomial）期权模型，能适应各种衍生产品，包括欧美两种期权，以及 FLEX 和 LEAPS 等其他期权。此外，TIMS 模式的设计还特别考虑到了股票产品的特点，可以很好地适应股票产品具有的离散性利率与股息付款结构。TIMS 最初主要用于 OCC 在美国境内的结算成员以及少量的特殊账户，以后逐步被全球各地的结算机构采纳。不过，自从 OCC 在 2006 年使用新模式取代 TIMS 后，全球到目前为止只剩下 6 家美国境外的清算机构仍然采用该模式。

在 TIMS 的计算过程中，具有相同基础产品的衍生合约（如期货、期权、质押或借贷股票等）被划分成为资产群（Product Classes），而每一个或多个具有相关性的产品集又被进一步组织成为资产组合（Product Groups）。TIMS 算法与 SPAN 相像，但不同之处在于，TIMS 系统以资产群为基础预估价格风险，相关性的计算也只针对资产群。

TIMS 单一资产群价格风险保证金计算方式为：

TIMS 单一资产群总保证金＝权益净值+价格风险保证金+

跨月价差风险保证金+交割风险保证金

其中，权益净值代表投资组合立即平仓的清算价值

权益净值＝合约价值（市值）×净头寸数×交易单位

期权的业务流程大概如下：

步骤 1：开仓。期权权利方缴纳权利金，期权义务方得到权利金。

步骤 2：逐日盯市。T 日终根据保证金算法计算维持保证。

步骤 3：判断期权义务方的保证金是否足额，不足，则要求期权义务方追加保证金。

步骤 4：T+1 日，若期权义务方保证金低于维持保证金，则强制平仓。

步骤 5：强制平仓。用义务仓的保证金买入同样权利。

步骤 6：T+N 日到期是否执行。权利价值为 0 或虚值，不执行；权利价值不为零，执行。

第二节　基于区块链的创新方案

一、期货

（一）期货开仓

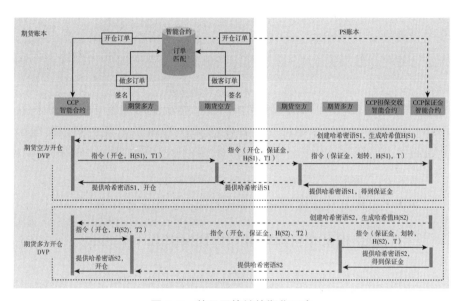

图 3-2　基于区块链的期货开仓

期货交易成功后，交易者须缴纳初始保证金才能开仓，这其实是仓位与初始保证金之间的券款对付（DVP），具体流程如下。

步骤 1：PS 账本的保证金智能合约创建哈希密语 S1，以此算出它的哈希值 H（S1），发送给期货账本的 CCP 智能合约。

步骤 2：期货账本的 CCP 智能合约创建期货空头开仓指令，并规定以下两种输出状态。一是如果期货空头提供满足 H（S1）的哈希密语 S1，则开仓成功。二是如果时间超过 T1 且期货空头未提供正确的哈希密语，那么开仓不成功。CCP 智能合约对期货空头开仓指令进行签名，然后期货账本进行共识验证，并同时发送给期货空头。

步骤 3：期货空头在期货账本收到开仓智能合约的期货空头开仓指令后，"通知" PS 账本的期货空头启动初始保证金转账程序。

步骤 4：PS 账本的期货空头创建初始保证金转账指令，并规定以下两种输出状态。一是如果 CCP 保证金智能合约提供满足 H（S1）的哈希密语 S1，则保证金的接收人是 CCP 保证金智能合约。二是如果时间超过 T（T<T1）且保证金智能合约未提供正确的哈希密语 S1，保证金的接收人是期货空头，即退回期货空头。期货空头对保证金转账指令进行签名，然后提交 PS 账本进行共识验证，并同时发送给保证金智能合约。

步骤 5：CCP 保证金智能合约向 PS 账本提交哈希密语 S1，从而获得初始保证金，期货空头得到哈希密语 S1，并将其发送给期货账本的期货空头。

步骤 6：期货账本的期货空头提交哈希密语 S1，从而开仓成功。

期货多头的开仓步骤与期货空头相似，不再赘述。

（二）期货保证金日终结算与追加保证金

日终，先开展 CCP 清算，通过轧差计算出各方的多头头寸和空头头寸。进而根据结算价，计算各方的浮动盈亏，增加相应的保证金账户余额。下面以期货价格上涨导致空头亏损为例。

步骤 1：在 PS 账本，保证金智能合约增加期货多头的保证金余额，多头可视自己意愿，取出保证金。由于空头保证金不足，期货账本的 CCP 智能合约通知期货空头在期限 T1 内追加保证金。PS 账本的保证金智能合约创建哈希密语 S1，以此算出它的哈希值 H（S1），发送给期货账本的 CCP 智能合约。

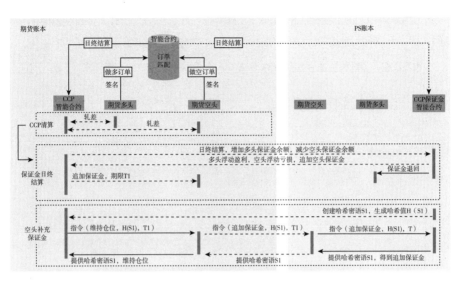

图 3-3 基于区块链的期货保证金日终结算与追缴

步骤 2：期货账本的 CCP 智能合约创建维持仓位指令，并规定以下两种输出状态：一是如果期货空头提供满足 H（S1）的哈希密语 S1，则继续维持空头仓位。二是如果时间超过 T1 且期货空头未提供正确的哈希密语，那么不继续维持空头仓位，CCP 智能合约对空头强制平仓。CCP 智能合约对维持仓位指令进行签名，然后提交期货账本进行共识验证，并同时发送给期货空头。

步骤 3：期货空头在期货账本收到 CCP 智能合约的维持仓位指令后，"通知" PS 账本的期货空头启动追加保证金转账程序。

步骤 4：PS 账本的期货空头创建追加保证金转账指令，并规定以下两种输出状态。一是如果保证金智能合约提供满足 H（S1）的哈希密语 S1，则追加保证金的接收人是保证金智能合约。二是如果时间超过 T（T<T1）且保证金智能合约未提供正确的哈希密语 S1，追加保证金的接收人是期货空头，即退回期货空头。期货空头对追加保证金转账指令进行签名，然后提交 PS 账本进行共识验证，并同时发送给保证金智能合约。

步骤5：保证金智能合约向 PS 账本提交哈希密语 S1，从而获得追加保证金，期货空头得到哈希密语 S1，并将其发送给期货账本的期货空头。

步骤6：期货账本的期货空头提交哈希密语 S1，从而维持空头仓位。

（三）期货到期交割

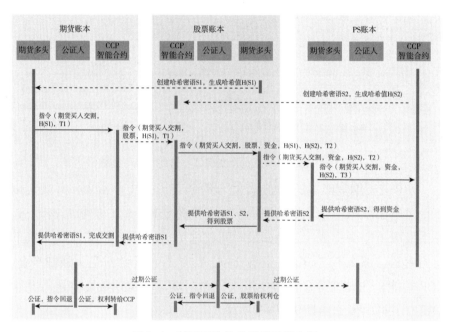

图 3-4　基于区块链的期货到期交割

T+N 到期交割，可采用现金结算或实物结算。现金结算流程与保证金日终结算相似。若以股票期货为例，实物结算则包含 1 个券款对付（股票与资金的券款对付）、1 个券券对付（股票与期货的券券对付）。由于涉及 3 个账本的原子交易，因此需要创建 2 个哈希密语。下面阐述期货多头的到期实物交割流程。

步骤1：股票账本的期货多头创建哈希密语 S1，以此算出它的哈希值 H（S1），发给期货账本的期货多头。PS 账本的 CCP 智能合约创建哈希密语 S2，以此算出它的哈希值 H（S2），发给股票账本的 CCP

智能合约。

步骤 2：期货账本的期货多头创建期货买入交割指令，并规定以下两种输出状态。一是如果 CCP 智能合约能提供满足 H（S1）的哈希密语 S1，那么，期货买入成功交割。二是如果时间超过 T1 且 CCP 智能合约未提供正确的哈希密语，那么期货买入未成功交割。期货多头对期货买入交割指令签名，然后提交期货账本进行共识验证，并同时发送给 CCP 智能合约。

步骤 3：期货账本的 CCP 智能合约收到期货买入交割指令后，"通知"股票账本的 CCP 智能合约启动股票交割程序。

步骤 4：股票账本的 CCP 智能合约创建股票交割指令，并规定以下两种输出状态。一是如果期货多头能提供满足 H（S2）的哈希密语 S2 以及 H（S1）的哈希密语 S1，那么，股票的接收人是期货多头，也就是与期货多头交割股票。二是如果时间超过 T2（T2<T1）且期货多头未提供正确的哈希密语，那么股票的接收人是 CCP 智能合约，即退回 CCP 智能合约。CCP 智能合约对股票交割指令签名，然后提交股票账本进行共识验证，并同时发送给期货多头。

步骤 5：股票账本的期货多头收到股票交割指令后，"通知"PS 账本的期货多头启动资金转账程序。

步骤 6：PS 账本的期货多头创建资金转账指令，并规定以下两种输出状态。一是如果 CCP 智能合约能提供满足 H（S2）的哈希密语 S2，那么，资金的接收人是 CCP 智能合约，也就是将资金划转给 CCP 智能合约。二是如果时间超过 T3（T3<T2）且 CCP 智能合约未提供正确的哈希密语，那么资金的接收人是期货多头，即退回期货多头。期货多头对资金转账指令签名，然后提交 PS 账本进行共识验证，并同时发送给 CCP 智能合约。

步骤 7：PS 账本的 CCP 智能合约向 PS 账本提交哈希密语 S2，获得资金，而期货多头则得到哈希密语 S2，将其发送给境内股票账本的期货多头。

步骤 8：期货多头向股票账本提交哈希密语 S2，以及其创建的哈希密语 S1，从而获得股票。CCP 智能合约则得到哈希密语 S1，将其发送给期货账本的 CCP 智能合约。

步骤 9：CCP 智能合约向期货账本提交哈希密语 S1，由此期货买入成功交割。

期货空头的到期实物交割流程与期货多头相似，不再赘述。

二、期权

(一) 期权开仓

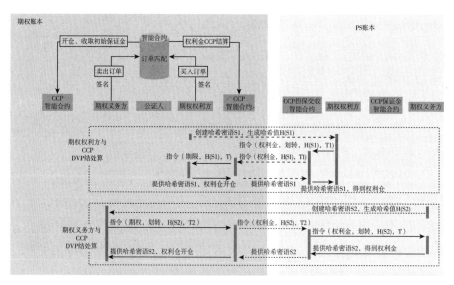

图 3-5　基于区块链的期权权利金 CCP 结算与权利方开仓

期权开仓时，义务方需要缴纳初始保证金，而权利仓不需要缴纳初始保证金。义务方缴纳初始保证金的流程与前述期货开仓相似。除了义务方缴纳初始保证金，还要开展权利金的 CCP 结算。CCP 作为共同对手方，成为义务方对应的权利方以及权利方的义务方。下面以权利方为例，阐述权利金的 CCP 结算流程。

步骤 1：期权账本的期权权利方创建哈希密语 S1，以此算出它的哈希值 H（S1），发送给 PS 账本的期权权利方。

步骤 2：PS 账本的期权权利方创建权利金转账指令，并规定以下两种输出状态。一是如果 CCP 智能合约提供满足 H（S1）的哈希密语 S1，则权利金的接收人是 CCP 智能合约。二是如果时间超过 T1 且 CCP 智能合约未提供正确的哈希密语，那么权利金的接收人是期权权利方，即退回期权权利方。期权权利方对权利金转账指令签名，然后提交 PS 账本进行共识验证，并同时发送给 CCP 智能合约。

步骤 3：CCP 智能合约在 PS 账本收到期权权利方的权利金转账指令后，"通知"期权账本的 CCP 智能合约启动期权转账程序。

步骤 4：期权账本的 CCP 智能合约创建期权转账指令，并规定以下两种输出状态。一是如果期权权利方提供满足 H（S1）的哈希密语 S1，则期权的接收人是期权权利方，即期权权利方成功获得期权权利，权利仓开仓。二是如果时间超过 T（T<T1）且期权权利方未提供正确的哈希密语 S1，期权的接收人是 CCP 智能合约，即退回 CCP 智能合约。CCP 智能合约对期权转账指令签名，然后提交期权账本进行共识验证，并同时发送给期权权利方。

步骤 5：期权权利方向 PS 账本提交哈希密语 S1，从而获得期权，CCP 智能合约得到哈希密语 S1，并将其发送给 PS 账本的 CCP 智能合约。

步骤 6：PS 账本的 CCP 智能合约提交哈希密语 S1，从而获得权利金。

义务方的权利金 CCP 结算流程与权利方相似，具体见图 3-5，以下不再赘述。

（二）期权保证金追缴与强制平仓

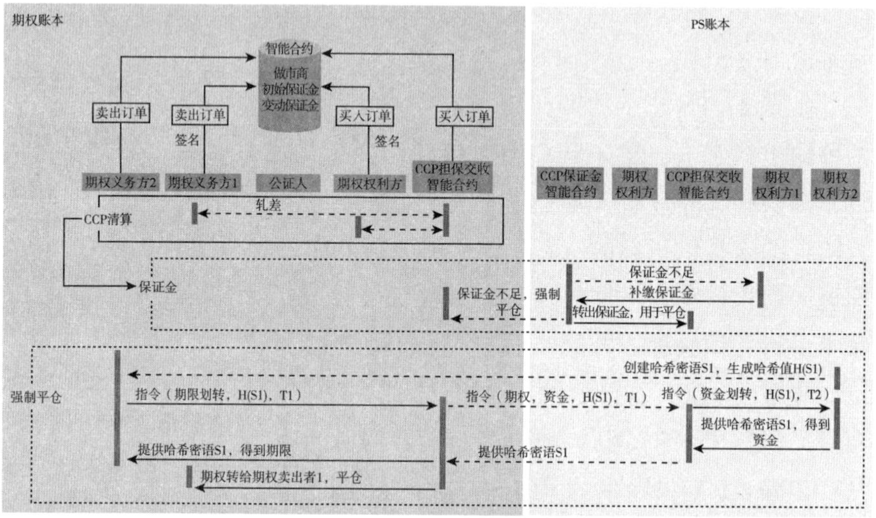

图 3-6　基于区块链的期权保证金追缴与强制平仓

日终，先开展 CCP 清算，通过轧差计算出各方的多头头寸和空头头寸。进而根据各类期权保证金算法，如前述所言的静态保证金算法和组合保证金算法，计算期权义务方的维持保证金水平，判断期权义务方是否需要追加保证金，若需要，则要求期权义务方追加保证金，相应的流程与期货相似，不再赘述，而如果期权义务方没有及时追加保证金，则 CCP 智能合约将在 T+1 日对期权义务方进行强制平仓。

步骤 1：在 PS 账本，CCP 保证金智能合约将强制平仓的期权义务方的保证金转至 CCP 担保交收智能合约，用于平仓。

步骤 2：在期权账本，CCP 担保交收智能合约在 T+1 日在市场买入平仓对应的期权，对手方为另一个期权义务方（标识为 2）。

步骤 3：CCP 担保交收智能合约与期权义务方 2 开展 DVP 结算，获得新的期权，具体流程见图 3-6。

步骤 4：CCP 担保交收智能合约将期权转回给期权义务方 1，从而将期权义务方平仓。

（三）期权执行的 DVP、PVP 与 DVD

期权到期时，或者在美式期权的情形，期权权利方提前执行美式期权，则进入期权执行的流程。具体包括认购期权权利方与 CCP 的结算、认购期权义务方与 CCP 的结算、认沽期权权利方与 CCP 的结算、认沽期权义务方与 CCP 的结算。与期货到期交割相似，这些业务流程涉及 3 个账本：期权账本、标的物账本（下面以股票账本为例）和 PS 账本，包含 1 个券款对付（股票与资金的券款对付）、1 个券券对付（股票与期权的券券对付），因此同样需要创建 2 个哈希密语。具体流程见图 3-7 至图 3-10，与第二章基于区块链的存托凭证方案的 DVP、DVD 相似，不再详细阐述。

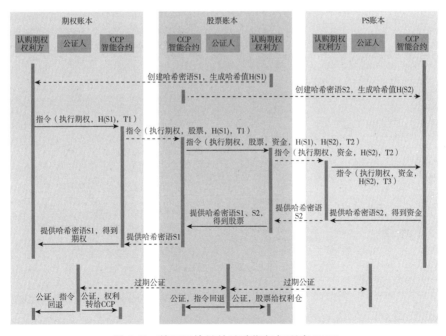

图 3-7 基于区块链的认购期权权利方 DVP

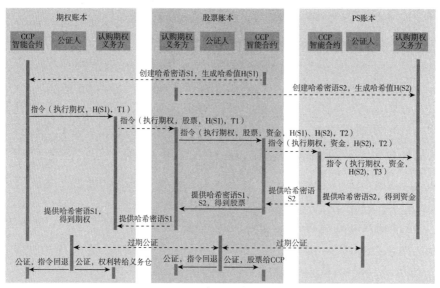

图 3-8　基于区块链的认购期权义务仓 DVP

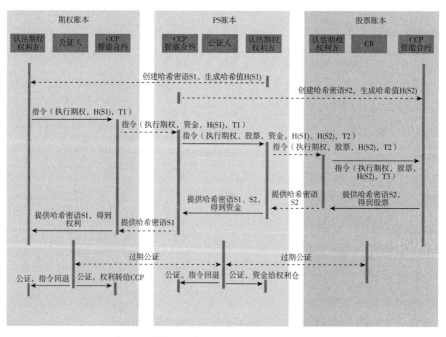

图 3-9　基于区块链的认沽期权权利仓 DVP

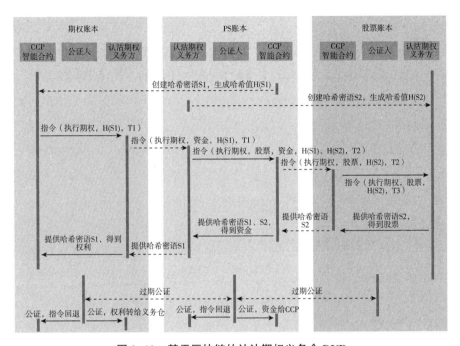

图 3-10　基于区块链的认沽期权义务仓 DVP

第四章 基于区块链的场外 FMI

与有组织的场内市场相比，场外市场具有分散登记、"一对一"交易、分布式运营等非集中化特征。优点是机制灵活、产品多样，但缺点在于登记碎片化，容易引起登记不一致问题，而且使产品权属难以自由流转；业务涉及多方主体，信息交互效率低、成本高；市场不透明，监管难以穿透，存在投资者权益受损风险。虽然近年来监管部门不断加强场外金融市场基础设施建设与监管，通过集中化、电子化、标准化等措施，有效防范了场外金融风险，但从整体来看，场外市场痛点依然明显。

本章着力研究了我国债券市场、区域性股权市场、资管市场等场外市场存在的具体问题，并提出相应的基于区块链的解决方案和思路。研究发现，区块链技术不仅与场外市场的去中心化或非中心化特征有着天然上的吻合，而且关键是，它可以有效解决场外市场的现有痛点与难题。一是可以在保留场外市场分散化运行特点、不损害其灵活性的同时，实现产品权属的统一登记。二是不触及现有格局，实现不同场外金融市场基础设施的互联互通，构建统一的全局式的场外金融市场基础设施。三是在链上进行多方信息共享，提高信息交互和监管信息报送的效率。四是在链上业务"留痕"，难以篡改，可追溯，使穿透式监管、功能监管、协同监管变得真正可行。场外市场是应用区块链技术的绝佳场景。

第一节 基于区块链的债券 FMI 互联互通方案

一、我国债券金融市场基础设施的现状分析

当前，我国债券市场形成了"两市场、三后台"格局。"两市场"为银行间市场和交易所市场。"三后台"是指中国证券登记结算有限责任公司（简称中证登）、中国国债登记结算有限责任公司（简称中债登）和上海清算所（简称上清所），见图4-1。

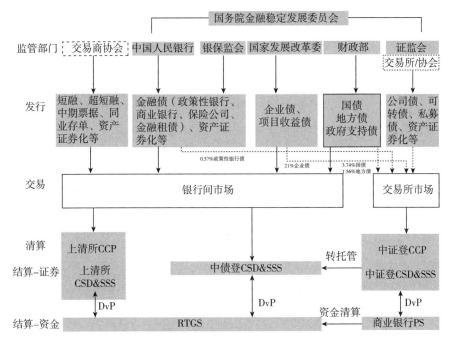

图4-1 我国债券市场金融市场基础设施的现状

（一）造成现有格局的历史逻辑与机理

1. 今日格局是历史发展的客观结果。1995 年"327 国债事件"后，负责国债统一登记托管结算的中债登成立，随后，人民银行于 1997 年要求商业银行全部退出交易所市场的债券回购及现券交易，成立主要面向合格机构投资者的银行间债券市场，并指定中债登作为该市场的债券登记存管和结算机构；2009 年，顺应场外衍生品集中登记清算的国际金融监管改革趋势，人民银行推动成立上海清算所，为利率、外汇及其衍生品等金融产品提供集中清算服务。

2. 今日格局是适应分业监管体制的必然选择。公司债由证监会监管，企业债由发展改革委审批，国债、地方债的发行由财政部门主导，短融、中票、超短融则由人民银行主管的银行间市场交易商协会备案。在分业监管的体制下，从发行、交易到后台的登记、清算和结算，都交由同一家监管部门主管，可以形成业务的监管闭环，一方面有利于深化改革、推动发展，另一方面也有利于加强监管、防范风险。人民银行成立上海清算所之后，将原先由中债登登记托管的短融、中票、超短融转由上海清算所登记托管。

3. 今日格局是我国债券市场增量改革与既有存量之间的平衡。在很长一段时期，我国债券发行实行审批制。2007 年，人民银行成立银行间市场交易商协会，推出新的公司信用类债券品种，即非金融企业债务融资工具，并实行注册制，不再行政审批。非金融企业债务融资工具的"另起炉灶"开启了我国公司信用类债券市场简政放权的市场化改革，在相互借鉴中，企业债和公司债的市场化程度逐步提高。

（二）现有格局的职能定位与作用

经过多年实践探索，"两市场、三后台"在职能定位上既各司其职，又差异互补，有效发挥了债券市场提高直接融资比例、服务实体经济发展、丰富居民投资渠道等关键作用。

1. "两市场"的服务对象和市场功能存在本质差异。银行间债券市场定位于机构投资者，是通过一对一询价方式进行交易的场外批发市场，主要满足金融同业之间的资金调剂与资产配置需求。交易所债券市场同时面向机构投资者和个人投资者，兼有批发和零售特点，是主要通过集中竞价方式进行撮合交易的场内市场，不仅满足金融同业需求，也为实体企业和"散户"型投资者的金融活动提供重要场所。

2. 不同的前台交易需要不同的后台基础设施服务。银行间市场主要面向机构投资者，因此采用名义持有模式，大多数个人投资者和普通法人不能直接在中债登和上清所开立账户；在交易方面以批发为主，"面对面"交易，频次低，金额大，更适合逐笔全额结算。中债登仅是中央证券存管机构（CSD）和证券结算系统（SSS），但不是中央对手方（CCP），上清所虽然同时具有 CSD、SSS 和 CCP 功能，但债券的中央对手方清算仅占其业务总额的 14.29%。而交易所市场主要面向个人投资者和一般法人，因此采用直接持有模式，投资者直接在中证登开户；在交易方面，其具有集中、金额较小的特点，属于"背对背"交易，因此更适合采用净额结算、担保交收的CCP 机制。作为我国资本市场最重要的金融市场基础设施，中证登同时承担 CSD、SSS 和 CCP 三重角色，为股票、债券、基金、期权等金融产品提供多市场、全链条服务，尤其在 CCP 方面，中证登有效发挥了节约市场流动性、降低对手方风险、维持市场稳定等重要职能。

表 4-1　　　　　　　我国债券金融市场基础设施功能对比

项目分类		中证登	中债登	上清所
债券品种（一级登记）	政府	政策性金融债（少量）	国债、地方政府债、政策性金融债、私募债	政策性金融债
	公司	公司债、可转债、分离债、私募债、资产证券化等	金融债、企业债、资产证券化等	同业存单、超短期融资券、短期融资券、中期票据、资产证券化等
投资者		机构投资者（及其产品）、个人投资者	主要面向银行、基金、证券公司、资产管理公司、信托等金融机构投资者（及其产品）	主要面向银行、基金、证券公司、资产管理公司、信托等金融机构投资者（及其产品）
交易场所		交易所市场	银行间市场	银行间市场
交易方式		协议、集中竞价、做市商	询价、做市商	询价、做市商
登记		直接持有为主	名义持有为主	名义持有为主
证券结算		CCP 担保交收、逐笔全额	逐笔全额	逐笔全额、CCP 担保交收
资金结算		商业银行	央行资金	央行资金

表 4-2　　　　　　　我国债券金融市场基础设施托管规模对比

项目分类	总计	中证登		中债登		上清所	
		面值（亿元）	占比（%）	面值（亿元）	占比（%）	面值（亿元）	占比（%）
1. 国债	202850.31	7613.03	3.75	195237.28	96.25	—	—
2. 地方政府债	260364.67	6682.12	2.57	253682.55	97.43	—	—
3. 央行票据	150.00	—	—	150	100.00	—	—
4. 金融债（包括政策性金融债、商业银行金融债、其他金融机构发行的金融债）	153017.74	1395.00	0.91	143772.14	93.96	7850.50	5.13

续表

项目分类	总计	中证登		中债登		上清所	
		面值 （亿元）	占比 （％）	面值 （亿元）	占比 （％）	面值 （亿元）	占比 （％）
5. 同业存单	110466.46	—	—	—	—	110466.46	100.00
6. 政府支持机构债券	17225.00	—	—	17225.00	100.00	—	—
7. 企业债券	38542.38	9191.71	23.85	29350.67	76.15	—	—
8. 公司债券	100188.26	100188.26	100.00	—	—	—	—
9. 非金融企业债务融资工具（包括超短期融资券、短期融资券、中期票据、中小企业集合票据、非公开定向债务融资工具等）	127010.32	—	—	973.63	0.77	126036.69	99.23
10. 资产证券化产品	43311.85	22171.04	51.19	20732.96	47.87	407.85	0.94
11. 可转债	4829.99	4829.99	100.00	—	—	—	—
12. 中小企业私募债	7319.12	7319.12	100.00	—	—	—	—
13. 其他	1667.72	—	—	89.72	5.38	1278.00	94.62
市场总计	1066943.82	159390.27	14.94	661213.95	61.97	246339.6	23.09

注：2020 年 11 月。

（三）存在的不足与痛点

与中央深改委提出的"布局合理、治理有效、先进可靠、富有弹性的金融基础设施体系"战略目标相比，当前"两市场、三后台"的格局存在以下不足，亟待改进：

1. "两市场、三后台"相互独立，尚未建立高效的互联互通机制。三家后台中，仅有中证登与中债登之间建立了互联互通关系，但仅是部分的国债、地方政府债和企业债可办理跨市场转托管和交易，大多数债券品种仍不能交叉挂牌交易，且在中证登与中债登之间的转托管业务中，双方尚未实现系统对接和电子化处理，指令流转依靠人工处理，效率低，操作风险大。

2. 监管信息碎片化，尚未建立高效的监管信息报送机制。跨市场跨部门的监管信息未充分共享，甚至存在监管信息盲区。当前，我国金融监管已形成"一委、一行、两会、地方金融监管局"的架构，再加上发展改革委、财政部、外汇局等相关部门，条条块块的各监管部门对"两市场、三后台"的信息需求，随着债券市场深度与广度的提高，越趋增强。实现高效的监管信息综合统计与共享，已然成为当前债券市场监管的重点。

3. 同一债券多方登记，影响跨市场交易。不同市场对债券的命名规则、要素设置以及交易单位均存在差异，因此，同一债券跨市场交易时，需要烦琐的跨系统信息比对，影响跨市场交易效率。对于债券发行人而言，如果未来各种债券均能跨市场挂牌交易，在哪一家 CSD 登记则没有差异，某种意义上，只需一个全局性的登记确权系统。

二、基于区块链的解决思路

（一）构建债券金融市场基础设施联盟链，实现"两市场、三后台"以及监管部门的互联互通

不改变现有债券金融市场基础设施格局和职能分工，即各市场依然延续现有业务逻辑和流程，开展各债券品种的发行、登记、交易、清算和结算。在此基础上构建债券金融市场基础设施联盟链，中证登、中债登、上清所、上海证券交易所、深圳证券交易所、中国外汇交易

中心、金融委、证监会、人民银行和银保监会等监管部门均可作为许可节点加入。

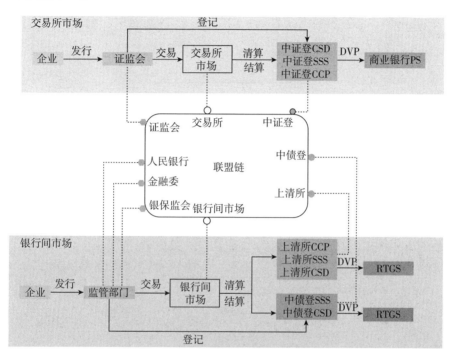

图 4-2　债券金融市场基础设施联盟链

（二）分四个阶段逐步升级联盟链功能，最终构建新一代统一的金融市场基础设施

1. 第一阶段联盟链 1.0 版。成为统一信息共享披露平台，解决多方信息报送难题。一是作为金融科技，服务中证登、上清所、中债登之间的转托管信息传递，以及与各交易所的信息共享。二是作为监管科技，支持各金融市场基础设施向证监会、人民银行、银保监会、金融委等监管部门同步报送监管信息。在这一阶段，现有机构的业务流程和系统"照旧"。

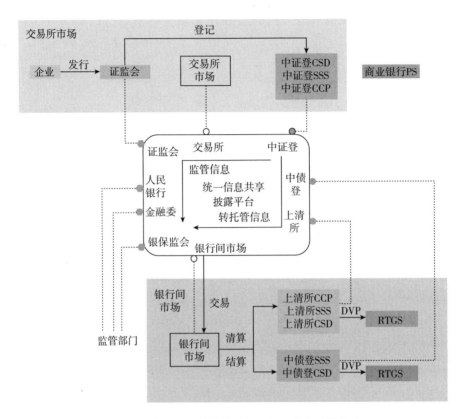

图4-3 基于区块链的债券统一信息共享披露平台

2. 第二阶段联盟链2.0版。成为统一债券登记平台，解决多方债券登记难题。债券的发行登记在统一的分布式账本进行，实现债券的全局登记确权。中证登、上清所、中债登成为二级登记机构，承担证券结算系统（SSS）和中央对手方（CCP）功能。完成发行登记后，债券可同时在交易所市场和银行间市场挂牌交易，并由各自的后台机构完成相应的交易后服务。在此阶段，联盟链由第一阶段的信息网络，升级到价值网络。

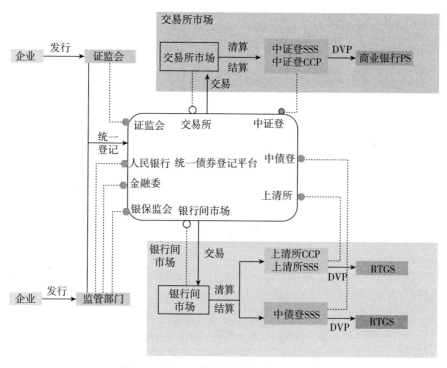

图4-4　基于区块链的债券统一登记平台

3. 第三阶段联盟链3.0版。成为新一代统一的债券金融市场基础设施。在统一的分布式账本上，企业和政府发行数字债券；投资人开立账户，直接进行"点对点"交易，或者通过订单撮合智能合约进行交易；原先由 CCP 承担的清算和结算功能也可由智能合约自动执行。并且，联盟链3.0版可直接流通结算币，通过单一账本实现券款对付（DVP）。

4. 第四阶段联盟链4.0版。成为面向未来的数字金融市场基础设施。联盟链的功能进一步巩固延展，不仅承载数字债券、数字货币，还可承载数字股票、数字衍生品，以及各类数字资产，如大宗商品、能源产品、艺术品、房地产和私募股权等难以溯源、交易和交付的资产，均可通过数字化在联盟链4.0版上流通。也就是说，联盟链4.0将可成为整个数字金融的基础设施。

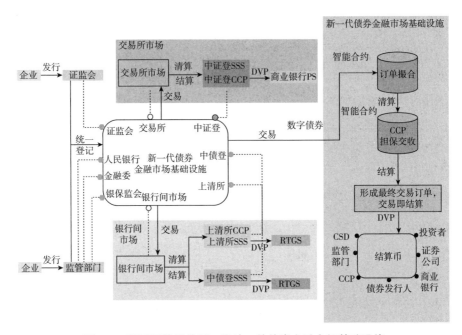

图4-5　基于区块链的新一代统一的债券金融市场基础设施

（三）优点

1. 维持现有的"两市场、三后台"格局不变，不触及存量，以合作共赢的方式推动增量改革，兼容了各方利益，容易形成统一共识，且联盟链网络平权，不存在谁主导谁的问题，避免因部门利益博弈而带来的各种纷争。

2. 仅利用一个分布式网络，就实现了"两市场、三后台"的互联互通，无需各家机构一对一地构建专门的互联互通网络，不重复建设，浪费资源，具有规模效应，而且既可采用金融专网，也可利用互联网，成本低，效率高。

3. 自动实时报送监管数据，监管机构可作为DLT上的节点之一，自动获取账本中的全部数据；不仅如此，联盟链还统一了监管数据报送，避免重复工作，各家监管机构同步采集、集中校验、汇总共享监管数据。

4. 既保护了存量的金融市场基础设施建设，同时又充分考虑了新一代金融市场基础设施的发展趋势，为数字债券、数字货币、数字资产、数字金融的探索试验提供创新空间。

5. 统一我国金融市场基础设施对外接口，适时与境外金融市场基础设施互联互通，或者允许境外金融市场基础设施作为节点直接接入，构建面向全球的先进的跨境金融市场基础设施，与 SWIFT、Libra 等各类金融市场基础设施竞争，对抗美元霸权和长臂管辖。

第二节 基于区块链的区域性股权市场方案

一、发展现状

区域性股权市场是为特定区域内的企业提供股权、可转债的转让和融资服务的私募市场。截至 2018 年 12 月底，全国共有 34 家区域性股权市场，服务企业数量最多的 3 家为前海股交中心（14032 家）、广东股交中心（12438 家）、上海股交中心（9993 家）。

服务挂牌公司 24808 家，其中，股份公司共有 8395 家，占比为 33.84%，有限责任公司 16413 家，占比为 66.16%。展示企业 98647 家，纯托管公司 6809 家。投资者 86.98 万户。中介机构 6933 家，其中推荐机构 2987 家。

企业累计融资 9063 亿元，其中股权质押融资规模最大，达到 3179 亿元，占比为 35.08%；债券融资 2596 亿元，占比为 28.64%；股权融资 668 亿元，占比为 7.37%；其他融资 2620 亿元，占比为 28.91%，主要包括银行信用贷款、商业保理、知识产权质押、融资租赁和收益权融资等。

二、存在的问题

(一) 登记一致性问题

区域性股权市场的证券登记业务通常由地方股交中心自办，或者由省级政府批准成立的地方股权托管登记中心承担。相关法律法规赋予了区域性股权市场登记业务的法律效力。《证券法》第一百四十八条规定，在证券交易所和国务院批准的其他全国性证券交易场所交易的证券的登记结算，应当采取全国集中统一的运营方式。前款规定以外的证券，其登记、结算可以委托证券登记结算机构或者其他依法从事证券登记、结算业务的机构办理。证监会在 2017 年发布的《区域性股权市场监督管理试行办法》规定，在区域性股权市场内发行、转让的证券，应当在办理登记结算业务的机构集中存管和登记。办理登记结算业务的机构应当根据证券登记结算的结果，确认证券持有人持有证券的事实，提供证券持有人登记资料。但一直以来，由于《公司法》《物权法》《公司登记条例》的相关规定，区域性股权市场的股权登记，特别是质押登记业务存在一定的法律障碍。

一是质押登记。2007 年 10 月 1 日起施行的《物权法》第二百二十六条规定："以基金份额、股权出质的，当事人应当订立书面合同。以基金份额、证券登记结算机构登记的股权出质的，质权自证券登记结算机构办理出质登记时设立；以其他股权出质的，质权自工商行政管理部门办理出质登记时设立。"证券登记结算机构一般专指中国证券登记有限公司。这一规定意味着区域性股权市场的股权质押登记应由工商部门办理方为有效。在实践中，虽然地方股交中心掌握挂牌企业在其托管股份变动及质押信息，但无法及时了解公司股东在工商部门办理股权质押登记情况，极易发生非上市股份有限公司股东已在工商办理股权质押登记，但仍在地方股交中心转让其股权的情况；

或者在地方股交中心办理了股权质押，但由于种种原因未到工商办理登记，从而导致股权质押无法对抗善意第三人，容易引发法律纠纷。

二是股权登记。区域性股权市场的服务对象是股份有限公司和有限责任公司。根据《公司法》规定，股份公司无记名股票的转让，由股东将该股票交付给受让人后即发生转让的效力；股份公司记名股票，由股东以背书方式或者法律、行政法规规定的其他方式转让，转让后由公司将受让人的姓名或者名称及住所记载于股东名册。而有限责任公司股权转让，除了应当由公司进行股东名册的变更登记，还应进行工商变更登记。未经工商登记或者变更登记的，不得对抗第三人。这意味着虽然区域性股权市场对股份有限公司的股份转让登记不存在与工商登记是否一致的问题，但关于有限责任公司的股权转让登记必须和工商变更登记一致，而且以此为最终性。

自 2021 年 1 月起正式施行的《民法典》第四百四十三条确立了"质权自办理出质登记时设立"的一般原则，由于《民法典》同时废止了现行《物权法》，因此原来第二百二十六条有关股权自证券登记结算机构或工商行政管理部门出质登记的规定也就不再成立，这就为区域性股权市场的质押登记留出了制度空间，有望解决法律障碍。但在有限责任公司的股权初始登记和变更登记方面，区域性股权市场与工商部门之间仍存在登记一致性问题。

（二）信息披露不完善导致股权转让无法真正发展起来

在区域性股权市场挂牌的企业主要为中小微企业，它们的公司内部治理和财务制度建设不完善，导致信息披露成为制约股权转让的最大掣肘。虽然可以通过尽职调查来获取企业真实信息，但成本较高，中小微企业难以承受。这使得区域性股权市场的股权转让业务不活跃。据调研，即使在业务开展较好的地方股交中心，股权融资收入占比也仅2%左右。股权质押融资和可转债融资虽然与股权有关，但实质上均是债务融资，两个业务为区域性股权市场提供了近50%的收入。小额贷款、担保、商业保理、融资租赁等其他业务占比1/3以上，这些业务也不是区域性股权市场的本源业务。不以股权转让为主营业务，使区域性股权市场"名不副实"，未能真正成为多层次资本市场体系的重要组成部分，更无法成为企业"上下转板"的有效通道。

（三）未实施资金第三方存管制度

实行股票交易资金第三方存管，既是《证券法》和证监会的监管要求，更是防范风险的重要举措，但目前，商业银行没有把区域性股权交易市场认定为证券市场，使资金第三方存管无法落地操作。应该说，仅靠自律，是很难真正防范客户保证金挪用风险。

（四）央地监管协同存在改进空间

2017年1月，国务院办公厅印发《关于规范发展区域性股权市场的通知》，明确区域性股权市场是主要服务于所在省级行政区域内中小微企业的私募股权市场，是多层次资本市场体系的重要组成部分，是地方人民政府扶持中小微企业政策措施的综合运用平台。通知规定区域性股权市场由所在省级人民政府按规定实施监管，并承担相应风险处置责任，证监会依法履职尽责，加强对省级人民政府开展区域性股权市场监督管理工作的指导、协调和监督。为落实通知要求，统一区域性股权市场业务及监管规则，2017年5月，证监会发布《区域性股权市场监督管理试行办法》。其中要求运营机构、办理登记结算业务的机构应当将证券交易、登记、结算等信息系统与中国证监会指定的监管信息系统进行对接，同时运营机构应当自每个月结束之日起7个工作日内，向地方金融监管部门和中国证监会派出机构报送区域性股权市场有关信息；发生影响或可能影响区域性股权市场安全稳定运行的重大事件时，应当立即报告。从目前看，区域性股权市场对证监会的监管信息报送存在不及时、不细致、不透明、不连贯的情况，不利于央地监管联动，也不利于证监会对区域性股权市场的风险监测和业务指导。

（五）后台和服务平台一体化进程缓慢

区域性股权市场的业务范围仅限于其所在省级行政区域，不得为区域之外的企业证券的发行、转让或者登记存管提供服务，但投资者、中介机构和相关金融机构则可面向全国，没有区域限制。因此，前台可以独立，分开运营，但后台和服务平台却可以一体化。一是有助于实现规模经济。当前一些股交中心的信息科技建设能力较强，但仍有许多股交中心则较弱。区域性股权市场对统一后台的呼声较高，希望通过后台信息基础设施的统一建设支持各独立前台的发展。对于中介机构和金融结构而言，金融市场基础设施的统一也可减少系统重复建设和相关运营成本。二是有助于资本市场统一监管。《区域性股权市场监督管理试行办法》要求，办理登记结算业务的机构与中国证券登记结算有限责任公司应当建立证券账户对接机制，将区域性股权市场证券账户纳入资本市场统一证券账户体系。目前来看，区域性股权市场的后台和服务平台一体化进程比较缓慢。

三、基于区块链的建设方案

（一）总体思路

建立"监管链-业务链"双层链架构，监管链作为统一的账户平台、登记平台和监管平台，业务链为各区域性股权市场及挂牌企业提供 Baas（区块链即服务），各地股交中心在上面独立开展前台业务，挂牌企业亦可利用 Baas 开展资产数字化及原生信息披露活动。

（二）双链架构

1. 监管链

监管链的节点主要包括证监会机关、证监会派出机构、地方金融管理局、地方工商管理局等监管部门以及中证登、新三板等全国性金融市场基础设施。承载的功能是开展统一的监管信息报送，并建立全国统一的区域性股权市场账户体系和登记体系，在此基础上与中证登、新三板对接，实现灵活地上下转板。

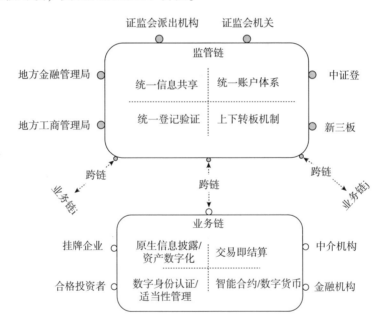

图 4-6　基于区块链的区域性股权金融市场基础设施

一是统一信息共享。监管要求的信息从各地股交中心业务链（或传统信息系统）通过跨链技术自动加载至监管链。信息上链后多方共享，各监管部门节点同步读取所需业务监管信息。随着监管链统一账户和统一登记功能的完善，链上有关股权登记信息和投资者信息还可与证券监管部门以及地方金融管理局、发展改革委、财政局、工商联等政府部门实时共享，从而更好地加强监管，服务发展。

二是统一账户体系。监管链利用跨链技术实时自动归集各地股交中心的业务链上的投资者账户信息，进行逻辑关联，设定全国统一的投资者编码，建立统一的四板账户体系。投资者新开户时，地方股交中心可向监管链查询投资者是否已有统一的四板账户编码，若有则可直接使用，若无则向监管链申请新的四板账户编码。中证登接入监管链后，监管链上的四板账户信息将与中证登共享，实现与一码通账户的直接对接，从而纳入资本市场统一账户体系。

三是统一登记验证。通过监管链，建立地方股交中心与工商管理局之间高效的信息共享和相互验证机制。地方股交中心与工商管理局均向监管链上传股权登记信息和电子合同信息，然后通过共识验证，建立统一的股权可信登记账本，实现股权登记的全局一致性，避免股权"双花"。

四是上下转板机制。基于监管链的区域性股权市场统一账户体系和统一登记体系的建立，将为新三板与四板之间转板奠定坚实基础。一是监管链由监管部门和政府部门建设和运营，具有天然上的可信；二是通过区块链可信技术，为企业股权信息以及在业务链上开展的业务（比如股权转让、股权质押、信息披露等）进一步增信。区域性股权市场公信力的增强将使新三板与四板之间上下转板成为可能。

2. 业务链

一是原生信息披露/资产数字化。原生信息不可篡改，资产信息可信穿透，提高资产定价效率。借助业务链的 Baas 服务，中小微企业可将更多类型的资产原生信息上链登记，如应收账款、存货等。这些信息是原生的，包含全量信息，既可自证，也可他证，可以被穿透和追溯。中小微企业业务相对比较单一、简单，随着越来越多的原生资产上链，关于企业经营状况和资产负债表状况的信息披露越来越完整，从而为股权转让及其定价提供了真实可靠的信息。不仅如此，原生信息上链将使应收账款、存货等资产可以流转起来，大大盘活了中小微企业资产，既解决中小微企业融资难融资贵问题，又丰富地方股交中心的可交易品种。

二是交易即结算。在区块链上，交易双方可直接开展点对点交易，符合区域性股权市场的现有协议交易模式。基于区块链的股权转让将是一种新型的交易结算一体化模式：交易即结算。由于目前不允许区域性股权市场开展集中式连续竞价交易，因此没有特别的交易性能要求，避开了区块链的性能劣势。

三是智能合约/数字货币。区块链技术的应用亦使当前因未建立第三方存管制度而存在的客户资金挪用风险"迎刃而解"。具体思路是，在业务链上引入数字货币或结算币，客户直接持有链上的数字货币，开展链上结算，由于不再需要结算参与人的中间服务，因此客户资金也就无需再由结算参与人经手，自然不存在资金挪用风险。引入数字货币后，客户还可开展基于区块链的券款对付（DVP），并且开发智能合约，开展股票期权、股票质押等去中心化金融应用（DeFi）。

四是数字身份认证/适当性管理。地方股交中心可采取多种方式对业务链上的客户进行数字身份认证：一是如果既有业务系统已对客户进行了身份认证，则可通过传统账户的实名制实现数字身份的实名制；二是在区块链中设置有权机关节点，由有权机关直接在区块链上提供数字身份认证服务；三是利用跨链技术对各业务链的客户身份信息进行交叉验证，从而实现对客户真实身份的验证。通过跨链的全局逻辑关联计算以及与中证登之间的信息共享，各地方股交中心可对投资者的知识经验、财务需求、投资特点、风险承受能力等特征进行"全息画像"，开展投资者适当性管理，让适当的投资者参与适当的金融交易。

（三）方案优点

上述基于双链架构的区域性股权市场建设方案既契合了区域性股权市场的分布式运营特点，又实现了区域性股权金融市场基础设施的统一，为区域性股权市场一体化发展及央地监管联动提供有效支撑，特别是可实现区域性股权登记与工商登记之间的信息共享，解决登记一致性问题，同时还可促进挂牌企业的信息披露，激活股权转让业务，使区域性股权市场回归本源。

第三节　基于区块链的场外资管
金融市场基础设施平台

资产管理业务是资产管理人集合投资者的资金，进行资产组合投资和配置，为投资者提供理财服务的业务。从机构维度看，资产管理产品包括银行非保本理财、信托公司资管产品、证券公司及其子公司资管产品、基金管理公司及其子公司专户、期货公司及其子公司资管产品、保险资管产品、金融资产投资公司资管产品、公募基金、私募基金等。也可分为场内资管产品和场外资管产品，场内资管产品是指在证券交易场所开展集中交易的资管产品，包括封闭式基金、上市型开放式基金。而许多资管产品不在场内集中交易，如开放式基金、银行理财产品、信托产品、券商资管、保险资管、基金专户、私募基金等。本部分内容主要针对场外资管产品。

一、场外资管市场的现状与问题

（一）未实现统一的权属登记，不利于市场透明和产品流转

根据《证券法》规定，场内交易的封闭式基金须由证券登记结算

机构集中登记托管。不在场内交易的场外资管产品，则不强制由证券登记结算机构登记托管，通常由管理人自办登记业务。如投资者申购A管理人的资管产品，由A管理人负责登记；申购B管理人的资管产品，由B管理人负责登记。

分散登记首先不利于市场透明。为了提高市场透明度，银保监会建立了理财产品登记系统和中保保险资产登记交易系统（简称中保登），证监会建立了基金业协会登记系统，但这些系统仅是信息登记系统，并非权属登记系统，没有包含全量信息，如理财产品登记系统只登记理财产品的发行信息，其他关于产品成立、运行、临时公告、终止、清算等信息还须在各家银行的官网上查询。2018年11月26日，"一行两会"和外汇局联合发布了《关于印发〈金融机构资产管理产品统计制度〉和〈金融机构资产管理产品统计模板〉的通知》，要求以每只资管产品为基本统计单位，以产品代码为唯一标识，将每只产品资金来源与运用相对应，按照直接交易对手的原则进行统计，报送各资管产品的资产负债表信息以及上游直接资金来源和下游直接资产投向。这一举措打破了各资管产品分业监管带来的统计信息闭塞，但作为宏观审慎层面的统计，数据颗粒度还不够精细和全面。

其次，分散登记不利于权属流转，投资者难以通过权属转让或质押进行变现融资，只能赎回。2017年9月成立的中国信托登记有限公司（简称中信登）对信托资产的统一权属登记进行了突破。根据《信托登记管理办法》，信托机构需向中信登就信托产品、其受益权信息及其变动情况等办理全程登记。信托登记完成后，中信登会向信托机构出具统一格式的信托登记证明文书。委托人或受益人可自愿向中信登申请开立信托受益权账户，用于记载其信托受益权及其变动情况。但由于委托人或受益人不开立信托受益权账户，也不会影响其享有的信托受益权权利，因此该账户的登记效力不同于一般的法定权利凭证

(如票据、股票等)。另外，对于信托受益权如何转让，目前尚没有明确规定。除了信托资产，资管产品市场总体上仍尚未互联互通，处于高度分散、各自登记、相互分割的局面，这导致资管产品难以流转。简单来说，不同管理人的不同客户若要进行资管产品转让，受让者需要到对方管理人开立相应的账户，才能完成资金交收及资管产品的转让和登记。当涉及多个资管产品和多个管理人时，客户的交易成本无疑很高。目前资管产品的转让业务增长乏力，以券商资管为例。根据中证协统计，2019 年转让比例最高的资管计划产品，转让金额仅为 167. 73 亿元，占市场总规模比例 12% 不到。应该说，建立高效灵活的全国性统一资管产品登记流转平台一直是业界所期望。

(二) 信息交互效率低、成本高

在资管业务开展过程中，投资人、销售机构、管理人、托管银行存在多头信息交互。投资人在申购某家管理人的资管产品时需要提供一系列的客户资料，如果要申购多家管理人的产品，则要准备多套资料。赎回时，投资人与各管理人同样需要进行各类数据交互。托管银行与投资人、管理人呈三角关系，一方面负责资管产品的资金交收，另一方面获取资管产品的任何信息，包括投资细节，对资管产品进行法律、资格、资金等全方位监管。由于各类管理人旗下的资管产品数量众多，因此投资人、销售机构、管理人、托管银行之间的信息交互非常频繁，但一直以来，资管行业中开户、申购赎回、权益分派等业务的数据流转主要依靠点对点的手工处理，各环节没有完全实现电子化。此外，各主体还需要按相关规定向不同监管部门进行监管信息报送，比如前述所言的理财产品登记系统、中保登、基金业协会登记系统、金融机构资产管理产品统计等，填各种表格，监管信息报送任务较重。

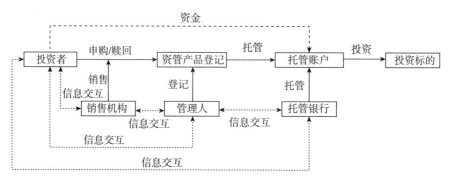

图4-7 现有资管业务流程

（三）尚未实现真正的功能监管

资管产品市场是银行、证券公司、保险资管机构、信托公司、公募基金管理公司、私募基金管理人等各类金融机构共同参与的市场，具有跨机构、跨市场、跨行业的特征。然而，长期以来我国金融业实行以机构监管为核心的分业监管体制，因此滋生了资管监管套利、不规范展业等问题。商业银行为了规避资本占用和信贷规模控制，一方面发行刚性兑付的理财产品，募集资金，另一方面通过多层嵌套，利用信托、基金子公司、券商资管开展通道业务，将资金投向非标准化债权。由于监管不透明，各理财产品往往不单独建账、核算和管理，而是以资金池的形式滚动发行，集合运作，分离定价。这是变相的存款和贷款，属于典型的影子银行业务。

2018年4月《关于规范金融机构资产管理业务的指导意见》（简称资管新规）颁布，对不同行业的资管产品监管规则进行了统一。2018年11月26日，"一行两会"和外管局联合建立的金融机构资产管理产品统计制度可通过交叉验证上下层资管计划管理人报送的信息，识别是否多层嵌套。基于上述举措，以通道业务为主要业务构成的信托、基金子公司、券商资管呈现明显的下降趋势，其中券商资管下降了近8万亿元，基金子公司下降了8.9万亿元，信托公司下降了4.6万亿元。与此相对照，公募基金、保险资管、私募基金呈明显上升趋势，其中保险资管规模已超过信托。

资管新规不仅统一了不同行业的资管监管规则，有效抑制了监管套利，同时提出了具体的功能监管要求，包括投资范围、投资者适当性管理、投资集中度限制、打破刚性兑付、不允许搞资金池、禁止期限错配、要求净值化管理、不得多层嵌套、控制杠杆率、提高市场透明度等。

功能监管的目标对象与机构监管不同。机构监管的重点是市场准入的牌照管理以及对经营机构资本充足率、流动性水平、杠杆水平、盈利能力的审慎监管，重在强调金融机构的稳健性；而功能监管的目标是投资者权益保护，强调投资者适当性管理和产品信息披露质量。如果说机构监管是纵向的监管，功能监管则是横穿资管产品全生命周期、跨行业、跨市场、跨机构的监管。

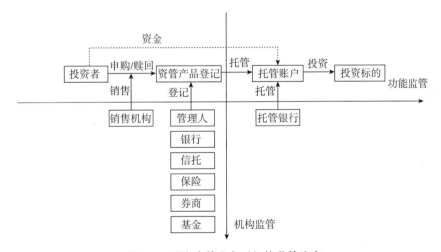

图 4-8　现有资管业务以机构监管为主

基于目前的分散登记运营体系以及分业监管体制，资管新规提出的功能监管要真正落地，还存在一定的困难。一是金融机构资产管理产品统计制度没有将私募基金纳入统计范畴，如果底层嵌套了私募基金产品，则无法再进一步穿透。二是对于资金的实际使用与名义用途是否真正一致、是否真正落实合格投资者适当性管理、是否按规定开展净值管理、是否按公允价值计量、是否主动真实准确完整及时地开展信息披露，依然主要依靠机构监管维度的现场检查以及投资者投诉，尚未建立真正的以产品为核心的穿透式功能监管模式，往往是风险事件爆发后，监管才介入。

二、基于区块链的场外资管金融市场基础设施平台

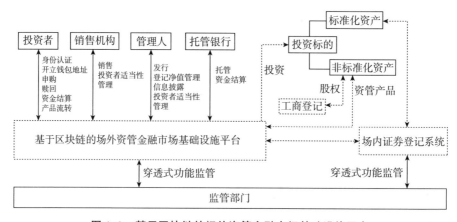

图4-9 基于区块链的场外资管金融市场基础设施平台

(一) 资管展业平台

基于区块链的场外资管金融市场基础设施平台（简称资管区块链平台）是场外资管的展业平台。全链条的资管业务均可在平台上开展。

1. 投资者向平台提交身份信息，由平台根据预定的身份认证方案对客户进行身份认证，认证通过之后，平台将为客户开立唯一的钱包地址（相当于账户）。也就是说，投资者只需申请开立一个账户，即可申购所有资管产品。由于私募资管产品不允许公开宣传和推介，若投

资者要购买私募资管产品，他须先通过链外信息通道，向销售机构和管理人提交客户资料，由销售机构和管理人对投资者的身份和适当性进行审核，审核通过之后，投资者才能阅览和申购私募资管产品。

2. 当管理人发行一款新的资管产品时，他将与托管人在平台上创建相应的资管产品智能合约，合约地址即为托管资金钱包地址。同样，若资管产品为私募产品，则只有合格投资者才能访问相应的资管产品智能合约。投资者申购成功后，系统将新生成的资管产品份额由资管产品智能合约地址划转至投资者钱包地址，相应的资金则通过券款对付（DVP）从投资者钱包地址划转至资管产品智能合约钱包地址，赎回则相反。资金汇集后，管理人进行资产组合投资和配置，并开展净值管理，按公允价值计量原则，计量资管产品净值。基于资管区块链平台的"BaaS"服务，管理人无需自建 TA 系统，不设后台，只做投资、投研等核心业务。

3. 资管产品智能合约地址的资金需要管理人和托管人双重签名之后才能动用。资管产品智能合约对投资人、管理人、托管人均是全流程可见。托管人监督管理人投资活动，获取所有投资细节。如果投资标的是链上其他资管产品，则由资管产品智能合约直接持有；若是链外资产，则由托管人安全保管。托管人记录资管产品的资产、负债及投资情况，复核管理人的净值估值，及时向投资人披露信息。

（二）权属流转平台

资管区块链平台相当于建立了统一的场外资管账户体系和登记体系，资管产品份额因此可自由流转起来。投资人钱包地址与资管产品登记"松耦合"，一个钱包地址可持有各种资管产品，如果投资人要将自己的资管产品份额转让给他人，只需发起点对点交易，将自己钱包地址的资管产品划转对方钱包地址即可，无需管理人和托管人的介入，对资管产品智能合约也不产生影响，效率高，成本低。当然，对于私募资管产品，只有当双方均是合格投资者时，才能进行上述划转。

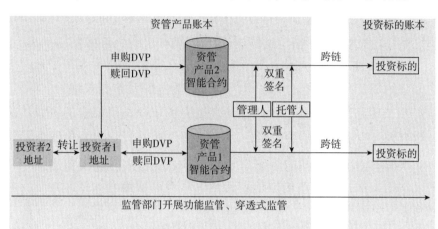

图4-10 基于区块链的场外资管业务流程

（三）数据交换平台

基于资管区块链平台，投资人、销售机构、管理人和托管人之间可进行高效的信息交互。首先，改变了现有的手工处理方式，可完全电子化处理。其次，投资人无需多次重复开户，只需开立一个钱包地址即可。再次，区块链信息透明，各主体可实时共享资管产品信息，无需像现在一样"一对一"频繁传递数据。最后，相关监管部门可作为区块链的节点，直接获取监管信息，省去了多头监管信息报送的必要。

（四）功能监管平台

资管区块链平台以资管产品为核心，承载和记录了产品发行、销售、登记、申购、赎回、流转等难以篡改的全流程信息，并可通过跨链技术与投资标的的登记系统进行信息交互。监管部门只要作为超级节点接入平台，即可实时获取资管产品的全量真实信息，开展功能监管。包括检查资管产品销售是否落实合格投资者适当性管理、管理人是否按规定开展净值管理、产品净值是否按公允价值计量、信息披露是否主动真实准确完整及时、资金的实际使用与名义用途是否真正一致。由于不同资管产品对应不同智能合约，这就自动做到了资管新规所要求的每只资管产品资金单独管理、单独建账、单独核算，管理人无法开展资金池业务。假设所有资管产品均在资管区块链平台上运作，那么利用区块链的可追溯性，监管部门可完全穿透识别资管产品是否多层嵌套。

第五章 基于区块链的 OTC 衍生品 FMI

场外衍生品市场具有与其他场外市场同样的痛点（见第四章），尤其是市场透明度低，系统性风险高。2008 年国际金融危机爆发后，监管部门高度关注场外衍生品市场的潜在风险，对场外衍生品市场进行了一系列改革，主要措施是推动场外衍生品"场内化"交易和清算，并建立了新型金融市场基础设施——交易报告库，以提高场外衍生品市场透明度。监管改革一方面有助于防范场外衍生品市场的系统性风险，但另一方面也使场外衍生品的业务流程变得愈加复杂，带来了更高的业务压力，使业务自动化需求更加强烈。

区块链技术可以有效解决场外衍生品业务本身以及因严监管而带来的压力。一是将场外衍生品合同上链，通过一个分布式网络，实现市场参与者、电子交易平台、中央对手方清算机构、交易报告库、监管部门等不同主体之间的信息共享与互联互通，避免多头信息交互，从而降低严监管带来的业务压力。二是现有标准化工作的基础上，构建一个基于区块链的全新、统一、开放、高效、合规、稳健的场外衍生品基础设施平台和交易报告库，实现场外衍生品交易流程、风险管理及监管报告的自动化执行，提高业务效率，降低运营成本。

由于远期、期权、互换、掉期等场外衍生品合约具有条件支付或结算特点，因此可以将其中的布尔逻辑条款编码，转化为智能合约，从而发展出"智能衍生品合约"。这一新事物是否能在法律上得到正式认可，将成为下一步关键要点。基于智能合约，还可创建自动收集和披露场外衍生品交易信息的智能交易报告库。总之，智能合约在场外衍生品的应用潜力巨大。

第一节　OTC 衍生品与交易报告库

一、OTC 衍生品

（一）基本特征

金融衍生品可分为场内衍生品和场外衍生品。场内衍生品是指在交易所挂牌交易的衍生品，是由交易所制定的标准化合约。场外衍生品则是在交易所之外由对手方"一对一"自行创设和交易的标准化程度较低的衍生品，如利率互换、信用违约互换（CDS）、外汇掉期、场外期权等，或称 OTC（Over-the-counter）衍生品。与场内衍生品相比，场外衍生品的隐私性更强，且更能满足投资者的个性化需求，因此场外衍生品的交易规模、投资者数量、产品类型远远超越场内衍生品。

（二）ISDA 主协议

为防范履约风险，场内衍生品交易建立了保证金交易、每日无负债结算、强制平仓、中央对手方清算等风险管理机制。而场外衍生品交易则主要依靠双方签订的合同来规范双方的权责和义务，当合约无法履行，双方争议无法协商解决时，则要诉诸司法。场外衍生品合约本质上是一种民事合同，受到合同法相关规定的规制。或者说，场外衍生品合约是双方当事人意思表示一致的结果，是否签署协议、协议应包含哪些条款均由当事人自由决定。

在实践中，国际场外衍生交易逐渐形成以 ISDA 主协议为基础的一整套标准化合约。ISDA 即国际掉期与衍生工具协会，是国际金融衍生品市场最具代表性和权威性的全球性非营利组织。ISDA 主协议是由 IS-DA 颁布的适用于场外衍生品的标准化协议,有 1987 年、1992 年、2002 年三个版本。ISDA 主协议为场外金融衍生品交易设立了相对固定的交易条件以及较为明确的违约处理机制,方便投资者便捷地达成交易,减少大量的重复性劳动和文本制作成本,提高交易效率。

为规范我国场外金融衍生品交易,中国银行间市场交易商协会(NAFMII)颁布了《中国银行间市场金融衍生产品交易主协议》以及配套文件,中国期货业协会、中国证券业协会、中国证券投资基金业协会联合颁布了《中国证券期货市场场外衍生品交易主协议及补充协议》。NAFMII 主协议和证券期货市场主协议均借鉴了 ISDA 主协议的基本思路和设计。

ISDA 主协议框架文件,包括主协议正文(Master agreement)、主协议附件(Schedule to the ISDA Master Agreement)、确认书(Confirmation)、交易定义文件(Defination Documents)和信用支持文件(Credit Support Documents)等。

(三)风控安排

虽然场内衍生品交易和场外衍生品交易的运行机制存在差异,但风险控制的机理基本相似。类似于场内衍生品交易的保证金制度,ISDA 协会设计了旨在降低交易信用风险的信用支持文件,作为主协议文件群的重要组成部分。就像场内衍生品交易的逐日盯市制度,双方约定在定期估值日按照市值计算双方的净信用风险敞口,净信用风险敞口为正值的一方,将要求对方提供与其净风险敞口相匹配的信用支持物(通常为现金或证券)以保障交易最终得到履行。当衍生合约一方当事人拒绝履约或者拒绝按照风险敞口支付或追加担保品时,守约方可以宣布合约提前终止,了结双方之间在合约项下的权利义务,兑现合同项下的全部浮动盈利。这就像场内衍生品交易的强制平仓,当维持保证金低于最低保证金，且没有及时补足保证金时，则强制平仓。

场外衍生品交易的对手方信用风险较高，在合同终止、违约责任追究等方面有其独到之处。

一是终止净额结算。当合约因违约事件或终止事件终止时，守约方有权要求违约方支付合同项下尚未履行部分以提前终止日的市场价格计算出来的浮动盈利，也就是说，违约方需要补偿守约方其本该获得的风险管理收益，就如同其正常履行了衍生合约一样，使合同提前终止、转让与合同实际履行的结果相同，因此保证了场外衍生品作为风险管理工具的功能和价值。

二是瑕疵资产制度。它是指虽然当事人没有违反合同约定的义务，但某一事件的发生，或在其他合同项下发生违约事件，使得交易一方违反本协议将成为必然，违约仅是时间问题，则构成了默示违约，守约方可终止交易。这一制度主要是为了更好地保护守约方的权利，对交易一方可能成出现的违约或潜在违约情形进行震慑。

二、交易报告库

（一）国际监管改革

由于场外衍生品交易"一对一"，市场透明度低，系统性风险高。2008 年国际金融危机的爆发进一步凸显了 CDS 等场外衍生品的潜在系统性风险，为此，国际监管机构提出一系列的改革措施。概括起来，主要有两个方面，一是推动场外衍生品"场内化"交易和清算，包括提高场外衍生品标准化程度，推动标准化场外衍生品在电子平台交易，建立标准化场外衍生品中央对手方（CCP）清算机制，并提高非集中清算衍生品的资本金要求和保证金要求等；二是建立场外衍生品交易报告库（Trade Repository，TR），要求将场外衍生品交易信息报送至交易报告库，以提高市场透明度。

根据《金融市场基础设施原则》（PFMI）的定义，交易报告库是指集中保存交易数据电子记录（数据库）的单位。设计良好且有效控制风险的交易数据库可通过数据集中收集、存储和传递，为监管部门提供透明的场外衍生品交易信息，促进金融稳定，并为检查和防止市场滥用提供支持。

（二）设立模式

从欧美的实践看，目前有三种交易报告库设立模式：一是中央证券托管机构（CSD）设立的交易报告库，比如美国证券托管结算公司（DTCC）在欧洲地区和美国分别设立了交易报告库 DDRL 和 DDR。二是中央对手方清算（CCP）设立的交易报告库，CCP 承担了标准化场外衍生品的集中清算，本身具备汇集场外衍生品合约信息的优势，同时承担交易报告库职能，有助于降低运营成本，提高报告效率。三是交易平台设立的交易报告库，同 CCP 一样，交易平台亦可在处理客户交易的同时，将客户报送的交易报告转化为监管要求的交易报告，比如彭博公司在欧洲和美国成立分别交易报告库 BTRL 和 BSDR。

我国场外衍生品交易报告库偏于第三类，主要包括中证报价、外汇交易中心、银行间市场交易商协会、中国期货市场监控中心等。

（三）基本功能

一是数据收集。根据国际监管规则以及欧美的监管实践，TR 收集的数据基本覆盖了场外衍生产品交易的全量信息。第一，交易对手方信息，主要包括交易对手方编号、名称、注册地址、经营范围、公司性质、交易报告库编号、清算机构编号、合约受益方编号、交易双方执行机构编号、分支机构编号、交易商编号、交易员编号、交易席位编号、交易平台编号。第二，合约信息，包含衍生产品编号、产品执行时间、产品价格和预付金额、合约类型、名义本金金额、合约价值、标的信息、抵押品价值以及合约所涉及的其他操作数据及事件数据等。第三，清算信息，包含是否进行清算、清算机构编号、清算起始额等。

二是数据访问。TR 应根据监管部门、参与者和公众的信息需求，提供不同范围和程度的数据。首先，监管部门可获得 TR 记录的与市场监管、审慎监管、系统性风险监管及处置等监管职责有关的数据。其次，报告实体和交易对手方可在遵守保密和其他法律要求的情况下，适当查阅自己的数据。最后，数据公开有助于所有利益相关者了解场外衍生品市场的运作情况，有助于市场纪律的执行和投资者保护，因此在适用并适当的情况下，TR 应至少向公众提供敞口头寸、交易笔数和交易金额的汇总数据和分类汇总数据。

第二节　现实痛点

一、严监管带来的高业务压力

2008 年国际金融危机后，监管部门提出的改革措施，有助于提高场外衍生品市场透明度，防范系统性风险，但在电子化交易、场外衍生品集中清算机制、交易报告库制度等监管要求也使场外衍生品的业务流程变得愈加复杂（见图 5-1），场外衍生品参与者除了要与对手方互动之外，还需要与电子交易平台、中央对手方清算机构、交易报告库、监管部门等实体进行频繁的多方信息交互，开展交易、确认、清算、结算、报告等业务活动。运营和合规成本高，市场参与者承受相当大的业务压力，对进一步优化流程、降低成本的需求越趋强烈。

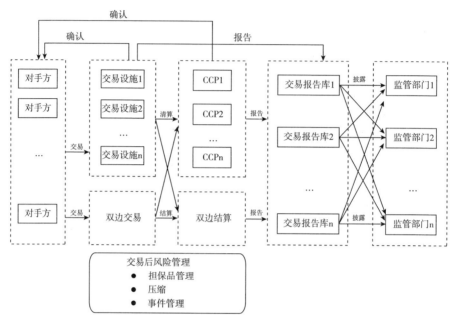

图 5-1 严监管使场外衍生品业务流程愈加复杂

二、低效率带来的业务自动化需求

场外衍生品的定制化特征较为明显，优点是能较好满足参与者的个性化需求，但缺点是业务效率较低，比如交易双方要"一对一"对合同条款进行谈判和确认，耗时长，存在大量重复性劳动和文本制作成本；专属定制合同不易转让和替代，流动性低；与不同对手方的交易后担保品管理、事件管理、合同管理的工作负担重，要随时追踪和管理各类合同，仔细关注各项"眼花缭乱"条款，并不是一件轻松的事。

在一定程度上，已开展的场外衍生品数据、文档、协议、处理流程标准化，有效提升了场外衍生品交易效率。如 ISDA 主协议为场外衍生品交易设立了相对固定、标准化的合同条款以及较为明确、统一的违约处理机制，方便市场参与者快捷地达成交易，降低谈判成本；CPSS-IOSCO 建议建立法律实体识别系统（Legal Entity Identifiers，LEIs），作为场外衍生品数据汇总的机制，并建议以行业为主导开发产品分类标准，作为场外衍生品产品分类和描述的共同基础。但这远远不够，就像 ISDA 的首席执行官 Scott O' Malia 所言："当前的衍生品市场基础设施成本高昂且效率低下。在整个行业中几乎无法实施大规模自动化的解决方案。因为每个企业和平台都有一套自己的流程和模式，如果要让合约各方获得相同的信息，需要做大量协调工作。"

为了支持高效的交易匹配、确认、执行、清算、事件管理、合同管理，需要在现有标准化工作的基础上，进一步构建一个可自动化执行的统一、开放、高效、合规、稳健的场外衍生品基础设施平台，从而实现更高的运行效率、更一致的监管合规、更高的数据质量和市场透明度。无疑，这项工作需要市场参与者、监管部门、自律组织等利益相关方的共同努力。

第三节　基于区块链的 OTC 衍生品 信息交互平台与 TR

可构建基于区块链的场外衍生品信息交互平台，通过一个分布式网络，实现市场参与者、电子交易平台、中央对手方清算机构、交易报告库、监管部门等不同主体之间的信息共享与互联互通，避免多头信息交互，从而降低严监管带来的业务压力。基于区块链的场外衍生品信息交互平台（简称区块链信息交互平台）见图 5-2。

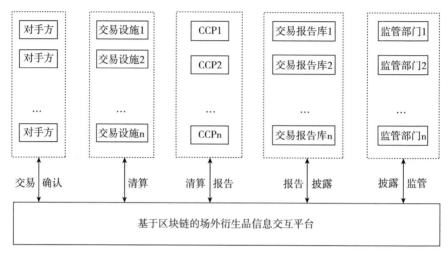

图5-2　基于区块链的场外衍生品信息交互平台

一、链下合同信息上链

场外衍生品交易延续现有的业务流程，先是由市场参与者"一对一"协商，或者通过电子交易平台的撮合，达成交易合同，市场参与者与电子交易平台之间的订单信息和交易确认信息可通过区块链信息交互平台中转。然后将链下合同信息上链，与中央对手方清算机构、交易报告库进行信息共享。中央对手方清算机构根据从区块链信息交互平台收到的合同信息，进行合同替代和轧差清算，形成新的合同，接着传输至区块链信息交互平台，与市场参与者、交易报告库实时共享。各类交易报告库收集和整理区块链信息交互平台上的衍生品全量信息，按规定向监管部门、市场参与者和社会公众进行信息披露。为了保护交易隐私，可考虑采用安全多方计算、同态加密、零知识证明等隐私保护方案进行合同信息的上链、传输与共享。

链下合同信息上链的另一好处在于，可将链下合同的 Hash 指纹存证在链上，利用区块链的不可篡改特性，保障合同的真实性。

二、基于区块链的交易报告库

显然，区块链信息交互平台本身就具备场外衍生品交易数据的收集、存储和披露功能，因此可直接发展为交易报告库。不同于中央证券存管机构、中央对手方、交易平台等中心化机构设立的交易报告库，它是一种去中心化的交易报告库，具有难以篡改、多点共享等特点。为了更好满足监管要求，建议区块链信息交互平台由监管部门牵头建设，对上链数据的格式、标准、模型、分类以及披露的程序、范围进行统一规范，并开展相关数据治理和管理。

第四节　基于区块链的 OTC 衍生品交易平台与 TR

除了构建基于区块链的场外衍生品信息交互平台，还可利用智能合约以及"交易即确认""交易即结算""交易即报告"等区块链技术特点，对场外衍生品基础设施进行根本性改造，构建自动化执行的统一、开放的场外衍生品交易平台，实现场外衍生品交易流程、风险管理及监管报告的自动化执行，提高业务效率，降低运营成本。

一、OTC 衍生品与智能合约

区块链的去中心化或非中心化特征与场外衍生品"一对一"交易天然吻合。智能合约的按需定制亦符合场外衍生品合约的个性化需要。不仅如此，远期合约、期权合约、互换合约、掉期合约等场外衍生品合约具有条件支付或结算特点，如基于时点、基础资产价格、事件等条件进行资金支付或资产交割，这是典型的"if then"布尔逻辑，因此可以将其编写为预定义条件执行代码，嵌入区块链，转化为智能合约。而且目前场外衍生品存在的痛点，比如"一对一"交易对手方风险较高，信任水平低，时常发生延迟付款或不付款行为。这些问题，均可利用智能合约的自动执行、强制履约等特性予以缓解。综合来看，智能合约在场外衍生品的应用潜力巨大。

目前，国际掉期与衍生品协会（ISDA）、投资银行、金融科技公司等各类机构，正在积极探索智能衍生品合约的设计与应用。如 ISDA 在 2018 年 6 月第一版数字化衍生品合约通用域模型（CDM）。巴克莱银行于 2016 年公布了一个基于分布式账本的香草利率互换合约原型交易测试，在测试中巴克莱银行将衍生品合约的条款与义务提炼为智能合约中的计算机程序。

二、智能衍生品合约交易平台

（一）智能合约与自动执行

自动执行并不是智能合约的专属功能。除了自动售货机，也可在日常的银行转账中与商业银行签订自动转账协议，实现资金划拨的自动执行。但自动售货机和自动转账协议不具有强制履约特点，售货方、银行甚至发起主体可以干预和叫停业务的自动执行。另外，自动转账协议由第三方作为中间人进行操作，存在信用风险和操作风险。而智能合约部署和执行只需交易双方签署认可，无需中间人处理，经区块链网络的共识验证与存储后，难以篡改，即使一方反悔，智能合约也将严格按照代码执行，大大降低了履约风险。此外，基于计算机代码的自动触发执行以及区块链的分布式记账技术，消除了交易双方不断信息交互的必要，可大幅简化业务流程，降低运营成本。

（二）操作条款与非操作条款

虽然说衍生品是智能合约"绝好"的应用领域，但场外衍生品合约条款比较复杂，并不是所有条款均可编写为智能合约代码。

有些条款可表述为布尔逻辑，因此可编写为"if then"代码，可称之为操作条款。比如互换合约的操作条款，要求在付款日支付的金额等于计算金额、浮动利率（加上或减去差价）和日计分数的乘积；期权合约的操作条款，要求在行权日支付的金额等于行使期权数量乘以执行价差；远期合约的操作条款，要求合同一方向另一方支付相当于结算价格与远期价格之间差额的金额；还有维持保证金条款，要求一方在特定日期支付保证金（现金或其他资产），保证金的价值等于所需信贷支持金额低于所提供担保品价值的金额。

而有些条款则不太容易表述为纯布尔逻辑，难以编写为代码，可称之为非操作条款。如规定在发生任何争议时应适用何种法律的条款；具体说明任何争议可能涉及的管辖权的条款；规定书面法律文件代表双方之间的完整协议的条款；声明一方当事人在法律协议下的义务构成合法、有效和有约束力的义务的条款；规定在作出决定时，作出计算的人应真诚地以商业上合理的方式这样做的条款；规定根据主协议进行的所有交易构成双方之间的单一协议的条款等。这些条款是纯粹的法律自然语言表述，难以转化为计算机语言。至少在目前是难以做到的，除非未来随着人工智能、机器学习的发展，计算机的语义识别能力与人工完全无异时，才能实现法律自然语言与计算机语言的无缝转换。

值得注意的是，对于某些操作条款，如果触发条件是非客观的条件，依赖主观判断也是难以通过智能合约自动执行。如场外衍生品的瑕疵资产制度，涉及是否构成默示违约或潜在违约的主观判断容易引起争议。解决方案是考虑在链上引入公证人，如司法机构、仲裁机构、陪审团。

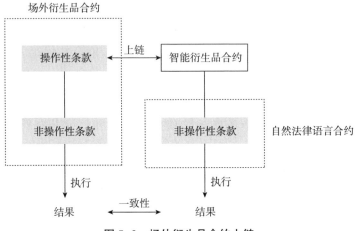

图5-3　场外衍生品合约上链

（三）智能衍生品合约

根据场外衍生品合约条款的可操作性，可将操作条款上链，编码为智能衍生品合约，剩余的非操作条款则继续以自然法律语言表述。由此，场外衍生品合约分解为两份合约：一是链下基于自然法律语言的衍生品合约；二是链上基于计算机语言的智能衍生品合约。这两份不同"语言"合约既是互补关系，也是替代关系。互补关系体现为链上链下两份合约互为补充，共同承载了现行场外衍生品合约的所有功能。替代关系体现为当预定条件触发时，链上智能衍生品合约自动执行，强制履约，减少纠纷，也就减少了执行链下法律合约以诉诸法院解决纠纷的需要。

触发智能衍生品合约执行条件的数据源，也就是大家经常所说的"预言机（oracle）"。"预言机"可根据数据需求，通过 API 的形式与数据服务商、物联网传感器、金融机构、政府部门等外部数据源连接，也可调用链上其他智能合约的输出作为数据输入。可信、可靠、准确的"预言机"是应用智能衍生品合约的重要前提。数据输入不正确,必然导致错误的合约执行和输出。这是合约双方都不愿意看到的。为此,可考虑多种举措:一是在可信执行环境运行预言机;二是构建去中心化预言机避免黑客攻击,防止篡改,保障可靠、准确的数据输入;三是从可信的外部数据源获取数据,并进行数据安全审计。

(四) 法律效力

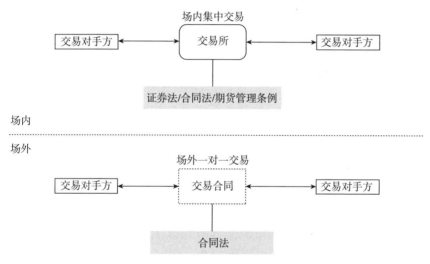

图 5-4　场内和场外交易的法律基础

法律是金融的制度基础,每次金融交易均可看作买卖合同的订立与履行。每次场外衍生品交易,双方均要签订合同,交易方意思表示一致,合同成立。合同不违反法律、行政法规、公序良俗即为有效,从而对交易双方的权责和义务产生了约束。在场内交易,虽然无需开展每一笔交易即签一份合同,但证券法、合同法、期货管理条例等法律法规在事前就已经对交易相关主体的权责和义务进行了规定,相当于事先为各方主体提供了通用的交易合同。如我国《期货交易管理条例》(国务院令第 676 号)对期货、期权等场内衍生品交易的保证金制度、当日无负债结算制度、风险准备金制度、强制平仓制度等均做了详细的规定。这是强制性的规定，进场交易的投资者均必须遵守。从契约经济学角度看，场内交易的通用合同或者说标准化合同，大大省去了合同的谈判和签约成本，并通过相关法律法规的权威性，降低了合同执行成本、监督成本以及纠纷解决成本。但通用合同无法遍历各类情形，因此难以满足不同投资者的个性化需求。而在场外交易，交易对手方可根据自身需求和意愿进行充分的谈判，合同条款可增可减也可修改，灵活性高，当然这不可避免增加了合同执行与管理的复杂度。总之，无论是场内交易还是场外交易，均离不开法律的支撑。

同样，链上基于计算机语言的智能衍生品合约是否具有充分的法律效力，则成了关键要点。若智能衍生品合约未在法律得到正式认可，那么即便在链上自动及强制执行，有争议一方也可通过司法进行链下的交易"回滚"。一种解决办法是将智能合约代码一并写入链下法律合同，并写明智能合约执行平台及地址。这个就像住房抵押贷款，银行与客户在协议中约定，每月定时从约定的客户账户划走按揭还款。银行划账行为的法律效力来自协议。若无协议约定，银行不能随意从客户账户划走资金。与之相似，若法律不认可智能衍生品合约，其行为的合法性必须通过链下合同予以明确，否则无法对抗司法。

从学理角度看，智能衍生品合约符合民法对意思表示的界定，可将它认定为法律行为。一是智能衍生品合约是透明的，交易双方在调用时可完全知晓合约内容，且双方可根据自身意愿对智能衍生品合约进行修改，因此智能衍生品合约是交易双方的意思表示。意思表示可以是口头的，也可以是书面的。智能衍生品合约采用计算机代码的形式表示交易双方的意思，是一种书面形式的意思表示，属于《合同法》规定的数据电文。二是只有经过交易双方数字签名，智能衍生品合约才能自动执行。交易者不认同、不想执行智能衍生品合约的情况下可不签名，签名则代表了他认同且愿意执行智能衍生品合约。承诺一旦作出，合同即成立。

目前美国有多个州已经承认智能合约的效力。2016 年佛蒙特州法案规定基于区块链的数据可以作为证据。2017 年亚利桑那州法案规定："通过区块链技术保护的签名被认为是电子格式，属于电子签名。通过区块链技术保护的历史记录或合同被认为是一种电子格式，属于电子记录。"2018 年佛罗里达州法案规定："一份合同不能仅仅因为在合同的形成过程中使用了电子记录和该合同包含一个智能条约而被拒绝其合法性。"在我国，可考虑在《民法典》对智能合约的法律效力予以明确，或者在证券法、期货法支持智能衍生品合约交易的合法性。

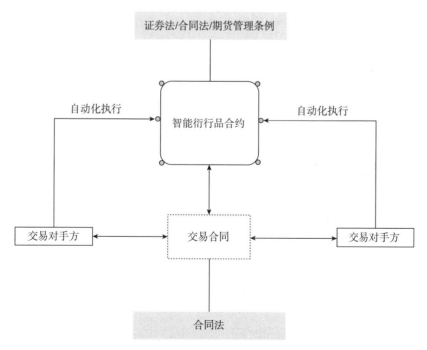

图 5-5 智能衍生品合约的法律基础

三、智能交易报告库

监管部门作为智能衍生品合约交易平台的超级节点，可自动实时获取智能衍生品合约信息，也就是"交易即报告"。对于由无法上链的非操作条款形成的链下自然法律衍生品合约，虽然无法编码为计算机语言自动执行，但可将其信息上链，与链上的智能衍生品合约信息构成完整的场外衍生品信息，向监管部门自动报送。同时，还可将交易报告库的信息披露规则编码为智能合约，把交易报告库收集的全局市场信息作为数据输入，通过智能合约向不同访问权限的利益主体、社会公众披露不同颗粒度的交易信息。据此，相当于创建了自动收集和披露场外衍生品交易信息的智能交易报告库。

第六章　基于区块链的新型
支付系统：数字货币

　　回顾历史，技术变迁推动了货币形态从商品货币、金属货币、纸币到电子货币的演化，并使货币内涵不再囿于"金银天然不是货币，但货币天然是金银"的货币金属论，延展到信用货币、高流动性金融资产等更广义的货币层次。当前，随着区块链、大数据、云计算和人工智能等数字技术的快速发展，技术对货币演化的影响进一步深入，出现了不同于传统货币的新型货币：数字货币。顺应这一趋势，法定货币数字化已成为数字新时代最重要的货币金融变革，正引起各国中央银行、业界和学术界的广泛关注。

　　对于中央银行而言，法定货币数字化是"前所未有"的全新课题。笔者创新性地提出"一币、两库、三中心"的央行数字货币原型系统设计，这一系统既延续了传统技术的成熟稳定性，又为新的分布式账本技术留有空间，使得两种分布式技术相互兼容、并行不悖、优势互补，并在演进过程中，竞争择优。笔者还提出基于银行账户和数字货币钱包分层并用的双层架构，有效解决了数字货币的开户问题以及如何与基于账户的传统金融体系相互融合的问题。针对央行数字货币的分布式研发，笔者参考证券的间接持有模式，基于自底向上的"兑换"视角，提出了全新的央行数字货币实现方案，这一方案可同时实现"管控中心化，运营分布式"的目标。笔者还深入研究了美国经济刺激法案初稿的数字美元计划以及欧洲中央央行的数字欧元报告。

最后，本章深入剖析了央行数字货币创新的七个关键要点：价值属性是央行负债还是私人负债；货币的生成是发行还是兑换；技术路线应基于账户还是基于代币；对于智能合约的应用，应审慎还是积极；应选择怎样的运行架构；计息还是不计息；在监管考量上，如何实现隐私保护与监管合规的平衡。

第一节　数字人民币

2014 年，中国人民银行正式启动法定数字货币研究，论证其可行性；2015 年，持续充实力量展开九大专题的研究；2016 年，组建中国人民银行数字货币研究所，笔者躬逢其时，提出"一币、两库、三中心"的央行数字货币原型系统设计。

一、"一币、两库、三中心"

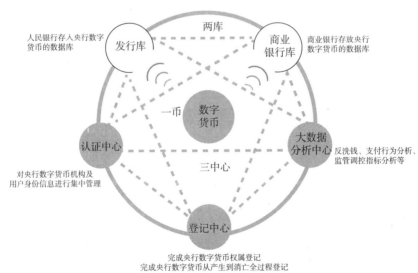

图 6-1　一币、两库、三中心系统设计

抽象而言，法定数字货币原型系统的核心要素主要有三点，即"一币、两库、三中心"。

"一币"即由央行负责数字货币的设计要素和数据结构。从表现形态上来看数字货币是央行担保并签名发行的代表具体金额的加密数字串，不是电子货币表示的账户余额，而是携带全部信息的密码货币。这个货币的设计一定要考虑前述的法定数字货币的理想特性。新的货币必须具备全新的品质，以支撑全新的商业应用模式。

"两库"即数字货币发行库和数字货币商业银行库。数字货币发行库是指人民银行在央行数字货币私有云上存放央行数字货币发行基金的数据库。数字货币商业银行库指商业银行存放央行数字货币的数据库（金库），可以在本地也可以在央行数字货币私有云上。

需要指出的是，发行库和银行库的设计可能让人觉得是对实物货币发行环节的模拟，但设计目标考虑更多的是给数字货币创建一个更安全的存储与应用执行空间。这个存储空间可以分门别类保存数字货币，既能防止内部人员非法领取数字货币，也能对抗入侵者的恶意攻击，同时可承载一些特殊的应用逻辑，这才是数字金库的概念。极端情况下，比如管理员的密钥被盗取，服务器被攻击、中毒或者中断链接，如何启动应急程序，保护或者重新夺回资金，保障业务的连续性，是设计的重点。

"三中心"则是指以下三个中心：

一是认证中心。央行对央行数字货币机构及用户身份信息进行集中管理，它是系统安全的基础组件，也是可控匿名设计的重要环节。可以做两到三层的认证体系，针对用户的不同有所区分。举例来讲，金融机构用户、高端用户的认证方式可能会用公钥基础设施（Public Key Infrastructure，PKI），低端用户的认证方式可能会用标识密码算法（Identity Based Cryptography，IBC）。

公钥基础设施体系可以很好地解决密钥管理、密钥修改的问题，但是该体系烦琐复杂，部署成本大。标识密码算法是传统证书体系的发展，2007 年国家密码局组织了国家标识密码体系 IBC 标准规范的编写和评审工作，该算法于 2007 年 12 月通过评审，正式获得国家密码管理局的商密算法型号：SM9（商密九号算法）。SM9 算法采用具有唯一性的身份标识（如手机号码、电子邮件地址、身份证号、银行账号等）作为公钥。标识密码算法解决了用户间传递加密信息必须事先获得公钥证书，加解密必须与管理中心在线交互通信的问题，大大地降低了管理中心的负担和管理成本。

二是登记中心。记录央行数字货币及对应用户身份，完成权属登记；记录流水，完成央行数字货币产生、流通、清点核对及消亡全过程登记。登记中心的建设有两种思路：一种是基于区块链，另一种则基于传统的分布式架构。优先考虑后者，因为现在还不能确定区块链技术是否经受得住人民币海量实时交易的冲击。

登记中心可谓是全新理念的数字化铸币中心，传统的纸币有发行机构的信息，但不会有持有人登记的概念，更不会有流转过程中全生命周期的信息。这是技术进步的结果，当然反过来也会对技术系统提出很高的要求。这种理念的落地，还需要在实践中摸索，不可能一步到位，可以分层分级、分中心，但它们之间如何高效交互是需要深入研究的大课题。

登记中心在记录央行数字货币的权属及流转信息时，只能看见钱包地址，无法对应到具体的某个用户。用户信息和密钥信息的映射关系，仅在认证中心中管理。认证中心和登记中心之间必须有"防火墙"制度，设定严格的程序，两方信息不得随意关联，以保障合法持币用户的隐私。这一分离机制是"前台自愿、后台实名"的基础。

三是大数据分析中心。迄今为止，货币发行技术进步与大数据分析关联程度都比较弱，货币运行相关数据基本通过后验式统计与估算来形成。这就导致货币在现实流通中存在较大不确定性。而在数字货币环境下，大数据分析在货币发行和监控过程中就有了用武之地。在数据适当脱敏的情况下，央行可以运用大数据深入分析货币的发行、流通、储藏等，了解货币运行规律，为货币政策、宏观审慎监管和金融稳定性分析等干预需求提供数据支持。

二、数字货币与银行账户

为缓冲单独设立数字货币体系给现有银行体系带来的冲击，也为了最大限度地保护商业银行现有的系统投资，在具体设计上，可考虑在商业银行传统账户体系上，引入数字货币钱包属性，实现一个账户下既可以管理现有电子货币，也可以管理数字货币。电子货币与数字货币管理上有其共性，如账号使用、身份认证、资金转移等，但也存在差异。数字货币管理应符合央行有关钱包设计标准，类似保管箱的概念，银行将根据与客户的约定权限管理保管箱（如必须有客户和银行两把钥匙才能打开等约定），保留数字货币作为加密货币的所有属性，将来利用这些属性可以灵活定制应用。

这样做的好处是沿用了货币发行二元体系的做法，数字货币属于 M_0 范畴，是发钞行的负债，在账户行的资产负债表之外。由于账户行依然还在实质性管理客户与账户，不会导致商业银行被通道化或者边缘化。不同于以往的圈存现金，数字货币不完全依赖银行账户，可以通过发钞行直接确权，利用客户端的数字货币钱包实现点对点的现金交易。

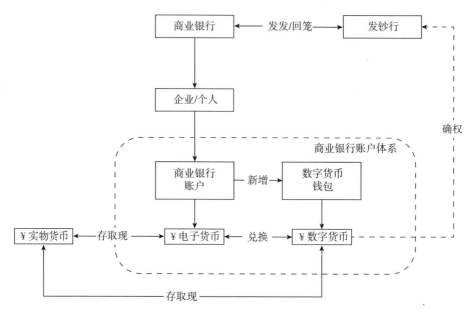

图6-2 商业银行账户体系支持数字货币

发钞行可以是央行，也可以是央行授权的发钞机构（如港元发行模式）。具体选择哪种发行方式需根据实际情况来定。

在中央银行集中统一发行数字货币的环境下，商业银行银行库中的数字货币属于商业银行的资产，中央银行的负债；商业银行客户账户中的数字货币则属于客户的资产，中央银行的负债。客户之间点对点交易数字货币，由央行数字货币发行系统进行交易确认与管理，央行承担交易责任；交易电子货币则与现有流程一致，通过央行跨行支付系统、商业银行核心业务系统完成。

在央行授权发行法定数字货币的环境下，商业银行银行库中的数字货币属于商业银行的资产，发钞行的负债；商业银行客户账户中的数字货币则属于客户的资产，发钞行的负债（发钞行不见得就是账户行）。客户之间点对点交易数字货币，由法定数字货币发钞行进行交易确认与管理（谁发行谁管理），央行承担监管责任；交易电子货币则和现有流程一致，通过央行跨行支付系统、商业银行核心业务系统完成。需要说明的是，发钞行和中央银行以及发钞行之间的互联互通，将由央行来做顶层设计，该顶层是否可以迁移至分布式账本的架构之下，将是业界面临的重大课题。

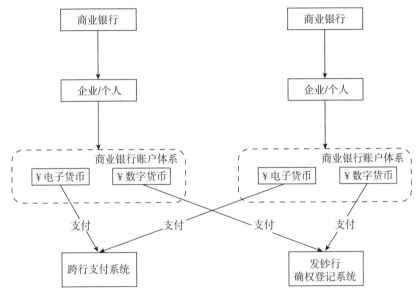

图6-3　不同类型货币不同交易渠道

　　在分层并用的具体实现手段上，延续商业银行以客户为中心的思路，在银行基本账户增加数字货币钱包 ID 字段。钱包起到保管箱功能，不参与日终计提等业务，最小化影响现有银行核心业务系统。数字货币的确权依托发钞行，传统账户与数字货币结合，可以极大地增强银行 KYC 与 AML 的能力。

　　在钱包设计上，所有的数字货币钱包需符合央行提供的规范。银行端的数字货币钱包较轻，仅提供安全管控以及账户层相关的必要属性，侧重于数字货币的管理；应用服务商提供的客户端的钱包较重，其功能会延伸至展示层与应用层。在客户端，智能合约的应用可以尽情施展，这也是应用服务商的核心竞争力之一。

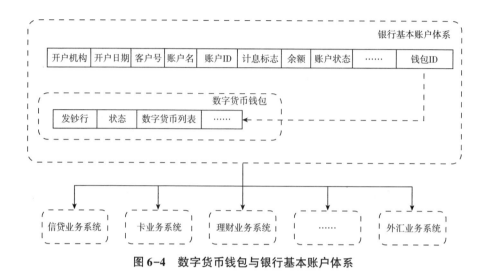

图6-4　数字货币钱包与银行基本账户体系

三、基于间接持有模式的 CBDC 方案

基于"二元模式、双层架构"，当前的央行数字货币（CBDC）分布式研发在方案设计上一直拘泥于自上而下的"数字货币发行"思路，从中央银行 ACS 系统的准备金体系出发，建立各指定运营机构"CBDC 准备金-CBDC 额度-CBDC 账本"的平衡关系。跨机构 CBDC 的流通，除了 CBDC 账本更新外，还要处理相应 CBDC 准备金账户间的清结算。不仅增大中央银行 ACS 系统压力和复杂性，而且一直没能很好实现"账户松耦合"的要求。

此外，普遍的观点是 CBDC 是中央银行的负债，但在双层运营体系中，如何解决公众持有中央银行负债，是分布式研发方案的设计难题。当前方案设计中，指定运营机构记录的 CBDC 账本，只是定义为表外，但其背后的法理和经济含义模糊。而且，还存在央行层面的 CBDC 账本与指定运营机构 CBDC 账本的边界问题。

基于间接持有模式的 CBDC 实现方案恰好可以解决上述的两个难题。

（一）基本思路

CBDC 可视为现金无纸化，借鉴证券登记托管的间接持有模式，以"自下而上"视角，从客户底层出发，重新考虑中央银行和指定运营机构在双层运营体系下的业务角色，赋予双层运营明晰的"双层托管"法理关系，为业务和技术方案设计建立基础。在双层托管方式下，中央银行和指定运营机构各自维护和登记不同层级的账本，边界清晰，职责明确，不仅可激发指定运营机构动能和活力，也能减轻央行压力。在无纸化下，托管的 CBDC 表现为分层账本登记的数字形式，一经托管，便具有独立性，不再需要分设准备金账户进行管理。基于托管的法理界定，明确了持有者对 CBDC 具有完全掌控权。未经持有者的签名或同意，其他任何主体均不能动用 CBDC。这就使 CBDC 真正具备现金属性，与存款类货币截然不同。

方案如图 6-5 所示，底层是客户，中间层是央行授权的指定运营机构，上层是中央银行。

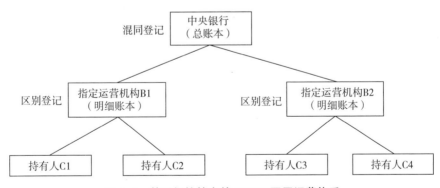

图 6-5　基于间接持有的 CBDC 双层运营体系

从下层到中间层，客户将 CBDC 托管至指定运营机构。指定运营机构记录底层客户托管的 CBDC 明细账本。CBDC 的转移依靠指定运营机构账本上的 CBDC 交易的登记来完成。指定运营机构负责最终客户 CBDC 交易的结算。

客户将 CBDC 托管至指定运营机构之后，指定运营机构必须将客户的 CBDC 集中托管至中央银行。从中间层到上层，指定运营机构将底层客户的 CBDC 托管至中央银行。中央银行记录指定运营机构代持 CBDC 的总账本，并根据跨指定运营机构交易，对总账头寸定期进行变更，同时也可作为流动性管理者，管理和调节流动性。

同证券无纸化的间接持有模式一样，指定运营机构与客户之间采用区别托管模式，为每个托管客户单独登记建档，实行区别登记。而指定运营机构与中央银行之间采用混同托管模式，中央银行的账本里只登记各家指定运营机构代持并托管在中央银行的 CBDC 头寸，实行混同登记。央行不对底层客户单独建档，也就是说，普通公众不在中央银行"开户"，降低了中央银行的服务压力。底层客户交易信息只存储在中间层，不存储在中央银行账本上，但出于政策需要或监管需要，中央银行有权向下一层的指定运营机构提取信息明细。

如图 6-6 所示，当同一家指定运营机构的客户之间发生 CBDC 支付时，只需在该机构的数字账本上变更权属，无须变更中央银行账本上的数字信息。如图 6-7 所示，当发生跨指定运营机构的 CBDC 支付时，首先由相关的指定运营机构交互处理，在各自明细账本上完成 CBDC 的权属变更，然后由中央银行在总账本上定期批量变更各机构代持的 CBDC 头寸。为提高效率，减少风险，可考虑引入持续净额头寸调整、流动性节约（LSM）等机制。

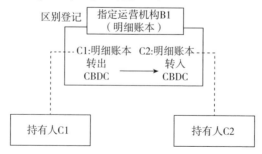

图 6-6　同一家指定运营机构管理下的 CBDC 支付

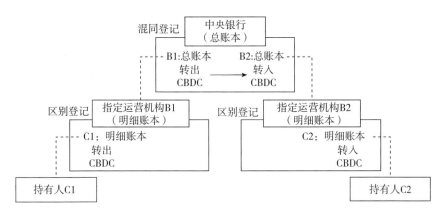

图 6-7　跨指定运营机构的 CBDC 支付

（二）典型业务流程

1. CBDC 兑换、托管与登记

以银行存款与 CBDC 的兑换为例（见图 6-8）。业务由底层客户发起，客户 C1 申请兑换并将 CBDC 托管至指定运营机构 B1，得到相应单位的 CBDC，客户在其账本上进行以下登记处理：

减少：在机构 B1 的银行存款

增加：托管在机构 B1 的 CBDC

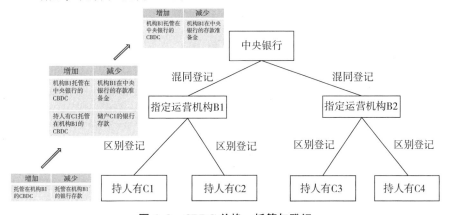

图 6-8　CBDC 兑换、托管与登记

指定运营机构 B1 收到客户兑换并托管 CBDC 请求后，首先扣减客户的银行存款，并将等额 CBDC 登记在该客户名下，然后向中央银行兑换 CBDC（缴回现金或扣减存款准备金）并混同托管至中央银行（此一步骤可批量执行）。对此，指定运营机构 B1 在明细账本上进行两步登记处理。

第一步是针对客户 C1 向指定运营机构 B1 兑换并托管 CBDC 的业务，在明细账本上进行登记处理：

减少：储户 C1 的银行存款

增加：持有人 C1 托管在机构 B1 的 CBDC

第二步是针对指定运营机构 B1 向央行兑换并集中托管 CBDC 的业务，在明细账本上进行登记处理：

减少：机构 B1 在中央银行的存款准备金

增加：机构 B1 托管在中央银行的 CBDC

相应地，中央银行在总账本上做相应的登记处理：

减少：机构 B1 在中央银行的存款准备金

增加：机构 B1 托管在中央银行的 CBDC

在上述流程中，业务由客户发起，CBDC 的生成是兑换并托管的结果，没有占用指定运营机构的资金。若客户要把托管的 CBDC 取出来，则上述流程反过来进行，不再赘述。

2. 同一家指定运营机构管理下的 CBDC 支付

若同一家指定运营机构管理下的客户之间发生 CBDC 支付，如图 6-9 中持有人 C2 向 C1 支付 CBDC，那么只需要在指定运营机构 B1 的明细账本上进行以下登记处理：

减少：持有人 C2 托管在机构 B1 的 CBDC

增加：持有人 C1 托管在机构 B1 的 CBDC

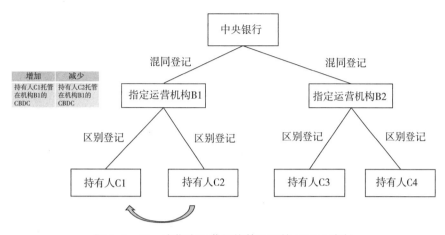

图 6-9　同一家指定运营机构管理下的 CBDC 支付

3. 跨指定运营机构的 CBDC 支付

当发生跨机构 CBDC 支付时，如图 6-10 中指定运营机构 B2 的客户 C3 向指定运营机构 B1 的客户 C1 支付 CBDC，那么首先，由机构 B2 和 B1 在明细账本上做登记变更处理。

机构 B2：

减少：持有人 C3 托管在机构 B2 的 CBDC

减少：机构 B2 托管在中央银行的 CBDC

机构 B1：

增加：持有人 C1 托管在机构 B1 的 CBDC

增加：机构 B1 托管在中央银行的 CBDC

随后，由中央银行定期按批次做轧差处理，完成机构 B2 和机构 B1 的头寸调整：

减少：机构 B2 托管在中央银行的 CBDC

增加：机构 B1 托管在中央银行的 CBDC

由于托管在中央银行的 CBDC 是归属指定运营机构的资产，无须准备金存缴，因此上述业务处理不涉及存款准备金余额的调整，无须与 ACS 发生交互，也不占用指定运营机构的资金。

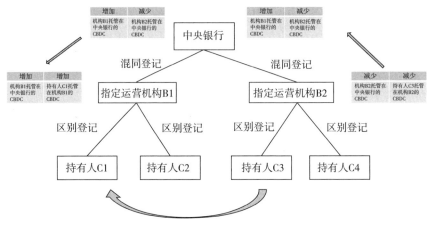

图 6-10　跨指定运营机构的 CBDC 支付

（三）方案特点

一是创造性地解决了普通公众是否在中央银行开户的问题。客户与指定运营机构之间采用区别托管模式，而指定运营机构与中央银行之间采用混同托管模式。中央银行不与最终客户产生直接联系，央行账本只登记和变更指定运营机构代持的 CBDC 头寸，客户交易、服务、认证及相关合规要求等底层工作交由指定运营机构承担。CBDC 体系与现有货币体系既相互独立，又可无缝对接。

二是实现 CBDC 匿名性与监管的平衡。客户信息不但不会出现在中央银行账本上，也不会出现在与其没有直接关系的其他指定运营机构账本上，只会出现在与自己有直接关系的指定运营机构账本上，但在监管需要或政策需要时，中央银行有权向指定运营机构提取底层客户信息。

三是最大化发挥中央银行的货币管理者功能。建立持续净额头寸调整、流动性节约（LSM）等机制，最大化发挥中央银行的货币管理者功能，减少结算风险和流动性风险。

四是充分调动指定运营机构积极性。CBDC 托管业务不仅不占用指定运营机构资金，还能为指定运营机构维系客户，增加创收。

（四）建议

1. 名义上，中央银行仅管到中间层的指定运营机构，不管底层，但实际上，为了保障 CBDC 的法定货币属性，出于风险可控和政策监管的需要，中央银行仍应保留穿透到下一层的技术手段。中央银行可以不参与底层客户的每一笔交易，但建议备份各指定运营机构的 CBDC 全量信息，以防止可能出现的技术和业务风险。

2. 按照上述思路，央行的管控能力不但不能放松，反而应该加强，作为央行数字货币系统的最终管理者，应定位为运营总控中心、数据备份中心，并牵头安全体系、标准体系和风控体系建设。

第二节　数字美元

一直以来，美国的数字货币研发创新主要在私人部门，如 GUSD、PAX、JMP Coin、Libra 币等各类私人数字货币创新。在外界的印象中，美国公共部门对美元数字化似乎没有太大兴趣。然而情况已发生变化，2020 年 3 月美国推出 2.2 万亿美元经济刺激法案时，其初稿端出了数字美元计划，虽然最终稿做了删除，但其数字美元战略意图昭然若揭，似已有较为成型的方案。

一、数字美元计划

（一）什么是数字美元

数字美元与美元现钞一样都是由美联储发行，是美联储的负债，只是形式不一样，非实物。法案初稿提出了两种数字美元。一种像银行存款，家庭、企业等实体部门直接在美联储开户，账户里的余额即为数字美元，资金转账依靠美联储增减账户余额的系统处理来实现。另一种与比特币、Libra相似，家庭、企业等实体部门无须在美联储开户，而是通过加密货币技术，直接持有美联储发行的美元。若没有个人的数字签名，别人无法动用，包括美联储。这种方式不用依靠中介机构服务，利用"点对点"支付，使用起来更接近美元现钞。通俗来说，数字美元是由美联储发行和运营的"支付宝"或"比特币"。

（二）数字美元如何运转

法案初稿提出两种方式，一是由美联储直接向社会公众提供数字美元服务，为了扩大服务范围，美联储可借用美国邮政机构的服务网络。二是由商业银行代理运营数字美元钱包（所谓的传递数字美元钱包），相应成本由美联储承担。商业银行提供的数字美元钱包更像是保管箱，里面的数字美元与银行存款完全不一样，银行无法动用，不是银行的信用，不能将其贷款给别人。根据法案初稿的设计，数字美元还会生息，利率高于存款准备金利率和超额准备金利率。

二、战略意图

（一）"直升机撒钱"

受新冠肺炎疫情影响，美国经济面临衰退风险。美联储降息至零后，需要进一步扩充货币政策工具箱。推出数字美元可谓恰逢其时。一是数字美元使美联储可以向家庭、企业等非金融部门直接开放资产负债表，为下一步更大范围更大强度的刺激提供渠道，如买入家庭、企业持有的股票、黄金等资产，或者向他们直接提供信贷，刺激家庭消费和企业投资。二是数字美元为美联储创造了负利率政策工具，具体做法是对数字美元货币计负息，或者收取数字钱包运营费，实质上也等同于负利率，由此释放货币政策空间。三是数字美元可编程，有助于实现美元的精准投放、实时传导、前瞻指引以及逆周期调控。

（二）加强美元霸权

Facebook 推出加密货币 Libra 后，引起各方极为关注，因为这是新一代的金融市场基础设施，是支付体系的全新赛道。应该说，当前的美元霸权是基于现有的银行账户体系，Libra 则采用全新的价值交换技术——区块链技术，可相对独立于现有的美元账户体系。面对 Libra 这样拥有 27 亿海量用户+加密货币技术的金融市场基础设施创新，美国担心失控，因此对其进行多次听证，时至今日仍在讨价还价。本次法案初稿着重强调了数字美元可基于分布式账本/区块链技术，这在一定程度上反映了美国对基于区块链的金融市场基础设施的发展潜力高度关注，美元希望采用新型数字技术来继续保持其在国际支付体系中的霸权和地位。

三、值得关注的要点

偶露峥嵘的数字美元，其设计可谓令人惊艳，没有被束缚在条条框框里，敢想敢做，扬长避短，勇于创新。

（一）向普通社会公众开放资产负债表

中央银行如果直接向普通社会公众提供数字货币，将会面临很大的服务压力，因此就有了所谓的"双层"运营架构。此次数字美元计划不仅考虑了"双层"运营，而且还提出美联储直接提供服务，这应该是很多人都没料到的。它设定的场景，是面向家庭财政补助以及在此基础上的小额支付，其"扩表发行"实质上就是印票子，突破了当下各国央行数字货币"按需兑换"的谨慎思路。

（二）对数字美元计息

还有一种担忧是央行数字货币计息会引发存款从商业银行转移到央行，导致整个银行体系缩窄，成为"狭义银行"。此次数字美元计划似乎并不在乎"狭义银行"，直接对数字美元计息。可能的原因是在当前货币量化宽松的环境下银行资金充裕，"狭义银行"可能性不大，或者在具体实施过程中，有手段来限制银行存款向数字美元转化。这也突破了当下各国央行数字货币实验暂不计息的谨慎思路。

（三）激励相容设计

按数字美元计划，若由商业银行代理运营数字美元钱包，相应成本由美联储承担，这是一个很好的激励相容设计。在"公私合营"过程中，很容易出现的局面是，既要马儿跑，又不让马儿吃草。公众部门往往依靠政府威权而不是激励设计去推动市场机构开展公共事业服务。如果没有成本核算和激励相容机制，结果有可能既浪费资源，效果还不佳。

（四）探索区块链技术

时至今日，央行数字货币是否采用区块链技术依然存有争议，一种典型的做法是预定技术路线，以区块链技术的缺点与不足为由，否定其创新价值，不敢用，甚至不敢试。此次数字美元计划没有因区块链技术的不完美而否定它的潜力，区块链已被纳入数字美元的可选技术路线。

第三节　数字欧元

2020 年 10 月欧洲中央银行发布数字欧元报告[①]，分析了发行数字

---

① European Central Bank. Report on a Digital Euro ［k］. 2020.

欧元的可能情景，提出数字欧元的核心原则以及设计要求，并决定在2021年年中后决定是否启动数字欧元项目。

一、数字欧元特征

（一）央行直接负债

数字欧元报告指出"数字欧元将是欧元体系（Eurosystem）的负债，是无风险的中央银行资金"，数字欧元可以与欧元的其他形式（如钞票、中央银行储备和商业银行存款）同等程度地兑换。而且它着重强调"以数字欧元形式发行的中央银行货币的数量应始终在欧元体系的完全控制之下""基于任何私人实体债权所发行的货币形式都不是CBDC，即使由欧元体系储备金全额支持"。

（二）现有支付方式的补充

现金支付仍是欧元区的主要支付方式，份额占比在一半以上。因此数字欧元报告认为，应确保现金的可用性，数字欧元不应取代现金，而应仅是一种补充支付方式，应由欧洲公民来决定是否使用数字欧元。不仅如此，数字欧元报告还认为数字欧元也不应是私人支付方式的替代。它指出"中央银行发行数字欧元举措既不应阻止也不排斥用于欧元区有效数字零售支付的私人解决方案"。

数字欧元报告分析了需要发行数字欧元的可能情景，包括促进经济数字化；提供网络事件、自然灾害、大流行疾病等极端事件的应急支付方式；应对其他货币形式的竞争与替代，如全球稳定币、外国央行数字货币等；提升货币政策传导效率；增强欧元国际货币地位。根据这些不同场景，数字欧元报告提出相应的特征设计，见表6-1。

表 6-1 数字欧元特征

特征类型	描述
核心原则	P1：面额可兑换：并非一种平行货币
	P2：Eurosystem 负债：数字欧元是一种央行货币，其发行由 Eurosystem 控制
	P3：泛欧解决方案：欧盟地区所有国家均可通过受监管的中介机构广泛平等地访问使用
	P4：市场中性：目的不在于挤出私营部门的解决方案
	P5：受到终端用户信任：自始至终的受信解决方案
特定场景的要求	R1：提升的数字效率（如果用于支持数字化）：数字欧元应该一直紧跟最新科技，以最佳地满足市场在可用性、便捷性、速度、性价比以及可编程性等方面的要求。数字欧元的供应该通过标准、互操作性的前端解决方案推广到整个欧元区，并应该与私营部门的支付解决方案互操作
	R2：与现金类似的特征（如果用于应对现金接受度降低的问题）：为了匹配现金最关键的特征，数字欧元旨在应对现金接受程度降低的问题，应支持线下支付。另外，数字欧元应设计得对于弱势群体更加友好，免费供用户使用基本的功能，并应保护用户隐私。数字欧元应该具有强大的欧盟品牌形象
	R3：竞争性特征（如果用于限制非欧元计价或者未受到适当监管的其他货币形式的采用）：数字欧元应该具备技术上前沿性的特征。它应该支持提供基本功能，做到在吸引力方面足以匹配外国货币或者非监管实体发行的货币
	R4：货币政策选项：如果将数字欧元视为一种提升货币政策传导性的工具，那么数字欧元的利率设定应支持中央银行随时间推移对其进行调整
	R5：后备系统：如果想利用数字欧元提升支付系统整体的韧性，那么数字欧元应该通过不同于其他支付服务并可以经受极端事件的强韧的渠道供给，支持广泛地使用和交易
	R6：国际使用（如果用于增强欧元的国际地位）：数字欧元未来应支持欧元区外使用，其使用方式应该与 Eurosystem 的目标相符并对欧元区外的居民易于使用
	R7a：高性价比（如果用于提高性价比）：数字欧元的设计应有助于降低现有支付生态系统的成本
	R7b：环境友好（如果基于环境原因推出）：数字欧元应基于可以尽可能降低生态影响、完善现有支付生态系统的技术构建

续表

特征类型	描述
一般要求	R8：数字欧元流通量可控：数字欧元应该是一种具有吸引力的支付方式，但其设计应避免作为一种投资产品，并防止私有资金（如银行存款）大规模转向数字欧元的风险
	R9：与市场参与人合作：数字欧元项目应符合 IT 项目管理的最佳实践。数字欧元应该支持欧盟区各成员国通过受监管中介机构公平地访问，而受监管中介机构可以利用现有的面向客户的服务，并避免重复流程带来的成本损失
	R10：合规：虽然中央银行负债不受到监管和监督，但 Eurosystem 发行数字欧元仍应符合支付等领域的相关监管标准
	R11：有助于安全高效低实现 Eurosystem 的目标：数字欧元的设计应该安全高效。应对项目及运营成本进行预估，并与预期收益进行比较，并充分考虑未来场景中其他可选方案。非核心服务应该由受监管私营实体提供
	R12：整个欧元区范围内的便捷访问。数字欧元应面向整个欧元区提供标准化的前台解决方案，并应该与私营部门的支付解决方案对接。包括目前尚未参与到金融系统中的公民（如那些未在商业银行开立账户的人）在内的任何人均应可以简便地访问和使用数字欧元的服务。数字欧元将需要与现金并存
	R13：非欧元区居民有条件使用：数字欧元的设计应对非欧元区居民的访问和使用设定具体的条件，以保证不会导致过度的资本流动或者汇率波动。此类条件应采取诸如对非欧盟地区居民持有数字欧元资产进行限制等
	R14：网络安全：数字欧元服务必须足以防范网络威胁，并能为金融生态系统提供高水平的网络攻击保护。如果发生攻击成功的情况，系统恢复时间应较短，数据完整性应得到保护

资料来源：European Central Bank. Report on a Digital Euro ［R］. 2020.

二、技术模式

（一）央行控制

数字欧元报告指出，提供数字欧元的后端基础设施可以是集中的，所有交易都记录在中央银行的分类账中，或者将责任分散到用户和/或受监督的中间商，提供不记名数字欧元服务。但不论采取何种方式，后端基础设施最终都应该由央行控制。报告还强调，终端用户解决方案提供商和参与提供数字欧元服务的任何私营部门都应与中央银行的后端基础设施连接，以确保最高形式的保护，防范未经中央银行授权擅自创建数字欧元的风险。

（二）集中模式与分散模式

在集中模式，最终用户可以在欧元体系提供的集中化数字欧元基础设施中持有账户。这类账户将允许用户通过电子转账方式在其他形式的货币之间存取数字欧元，并以数字欧元进行支付。分散模式则采用分布式账本技术（DLT），或通过本地存储方式（如使用预付卡和移动电话功能，包括离线支付），允许终端用户之间转让不记名数字欧元，中间不需要授权第三方在交易中扮演任何角色。

（三）直接模式与间接模式

根据私营部门的角色，数字欧元方案可分为直接模式和间接模式。在直接模式中，中间商只是看门人，提供用户与欧洲体系基础设施之间的技术连接，并验证最终用户的身份，处理了解客户（KYC）、AML和CFT要求等活动；而在间接模式中，中间商扮演着更重要的角色：结算代理、代管客户的中央银行账户、代表客户执行数字欧元交易。

第四节　关于央行数字货币的若干思考

一、央行货币面临的挑战：新型货币战争

关于货币，人们似乎更关心它的价值内涵，而对它背后的技术，

在电子货币和数字货币崭露头角，好像并没有那么浓厚的兴趣。这是一个信用货币时代，在很多人眼里，货币就是银行账户里的数字，只要银行不倒闭，它就在那里。除了交易转账，货币往往因价值而动，哪里的价值更稳定，收益率更高，货币就往哪里流动。流动间，就发生了货币的替代，或转换为资本，或转变成其他形式的货币（资产）。这些故事可大可小，小的可引发人世间的种种悲喜剧，大的可引发为了抢夺货币主导权的"战争"，比如以邻为壑的汇率战、各种贸易/货币联盟、国际货币体系改革与博弈等。

如果说因价值内涵而发生的货币替代是"古典货币战争"，那么因技术先进而引起的货币替代则可称为"新型货币战争"。我们已然在货币演化史中看到了技术的痕迹，比如黄金之所以替代其他材料成为广为接受的货币，不仅在于它稀少，还因为它的技术特性，比如容易标准化、可分割、携带方便、材料稳定和不易变质。只是历史过于漫长，人们逐渐忽略了技术的作用。随着现代信息技术革命的兴起，技术对货币的影响正达到历史上从未出现过的状态，并将继续演绎、拓展和深化。它不仅发生在现金、存款货币等各货币层次之间，也发生于各国的货币竞争，甚至还可能引发整个货币金融体系变革，因此引起全球各界的广泛关注。

某种意义上来说，这场"新型货币战争"可追溯到 2008 年国际金融危机。金融危机的爆发使中央银行的声誉及整个金融体系的信用中介功能受到广泛质疑，奥地利学派思想回潮，货币"非国家化"的支持者不断增多。在此背景下，以比特币为代表的不以主权国家信用为价值支撑的去中心化可编程货币"横空出世"。有人甚至称之为数字黄金，寄托取代法定货币的梦想。这是信息技术发展带来的私人货币与法定货币的"战争"，是货币"非国家化"对法定货币的挑战。

第二场新型"货币战争"则是电子支付对法定现金的挑战。近年来，支付宝、微信支付等非现金支付方式的使用率持续激增，"无现金社会""无现金城市"等词语在媒体上频频出现，甚至成为一些第三方支付机构推广业务的宣传口号。与之密切相关的是，许多发达国家和新兴市场国家的央行货币在货币总量中的比重有所下降。自 2003 年以来，我国基础货币与 M_2 的比率下降了 5%，印度下降了 7%，欧元区则下降了 3%。其中部分原因就是央行货币（尤其是现金）在流通领域被技术更先进的电子支付方式替代。

或许，我们应该正面看待和解读这场"新型货币战争"。因为它整体上推动了支付效率的提高、金融的普惠以及社会福利的上升。Libra白皮书指出："Libra 的使命是建立一套简单的、无国界的货币和为数十亿人服务的金融基础设施"[①]，现在看，其宏大使命未必一定能成功，但对于这样的愿景，我们应该积极应对，至少在技术方面抑或在模式方面，它为我们提供了新的参考和选项，有益于社会的进步。对于法定货币而言，私人支付工具"去现金化"口号，以及"去中心化"数字货币的兴起更像是闹钟，唤醒中央银行应重视法定货币价值稳定，唤醒中央银行不能忽视数字加密货币这一难以回避的技术浪潮，唤醒中央银行应重视央行货币与数字技术的融合创新。

这一唤醒作用已开始显现。包括我国在内的各国（地区）中央银行已开始行动起来，开展基于区块链技术的央行加密货币实验，如加拿大的 Jasper 项目、新加坡的 Ubin 项目、欧洲央行和日本央行的 Stella项目、泰国的 Inthanon 项目，还有中国香港的 LionRock 项目等。这是一条全新的赛道，参加者有私人部门，有公共部门，有主权国家，有国际组织，有金融机构，有科技公司，有产业联盟，有极客，有经济学人……总体来看，这场"新型货币战争"才刚刚开始。

---

① Libra 白皮书 1.0. 2019. 可从以下网址获得：https：//libra. org/en-US/white-paper/.

二、从私人数字货币到央行数字货币：关联与区别

比特币不是最早的数字货币，最早的数字货币理论由戴维·乔姆（David Chaum）于 1983 年提出，这种名为 E-Cash 的电子货币系统基于传统的"银行-个人-商家"三方模式，具备匿名性、不可追踪性。但比特币是最具有影响力的数字货币。它发源于 2008 年国际金融危机后的货币"非国家化"思潮，是一种不以主权国家信用为价值支撑的去中心化可编程货币。基于数字钱包、分布式共享账本和共识机制的比特币创新设计使数字货币技术实现了新的飞跃，由原来的三方模式变成像实物货币一样"点对点"的两方交易模式。

比特币引发全球大规模的数字货币实验。与基于主权国家信用的法定数字货币或央行数字货币相对照，有人称它们为私人数字货币。截至 2020 年 5 月，共有 5425 种私人数字货币。它们的亮点在技术创新，如以太币扩展了比特币的可编程脚本技术，发展出一个无法停止、抗屏蔽和自我维持的去中心化智能合约平台；瑞波币允许不同的网关发行各自的数字借据（I Owe You，IOU），并实现不同数字借据之间的自动转换；零币应用了零知识证明算法，以增强交易的隐私性……。它们的缺点则在于以下两方面。

一是缺乏稳定价值支撑，价格不稳定。如比特币价格暴涨暴跌，一度飙涨到 1.9 万美元，但也曾跌破 3500 美元。价值不稳定带来的后果是私人数字货币难以成为真正的货币。它们越来越倾向于被视为资产，而非货币。于是近几年来，寻求代币价值稳定成为私人数字货币的热点，出现了稳定代币，或基于算法规则，或基于法币抵押，以维持与法币的汇率平价，获得代币价值的稳定。USDT、TUSD、Dai、摩根币（JPM Coin）、Libra 等即是代表。

二是合规性问题。包括对货币主权的挑战、监管套利、用户审核

（KYC）、反洗钱和反恐融资（AML/CTF）、逃税避税、数据隐私保护、资金跨国流动、投资者权益保护等一系列合规问题。这涉及如何对私人数字货币进行定性，其中最具争议的是初始代币发行（ICO）。面对这种有点类似股票公开发行（IPO）的新型融资方式，各国监管部门一开始有点"无所适从"。2017 年，我国和韩国禁止所有形式的代币融资。目前，美国等国家倾向于按实质重于形式的监管原则，更多判定初始代币发行是一种证券行为，要求遵守《证券法》相关规定。总体看，许多私人数字货币主要基于公有链模式，合规性问题并未真正得到解决。不过，我们也看到一些私人数字货币正在积极解决合规性问题。2018 年，美国 Gemini 信托公司发行的 Gemini Dollar（GUSD）和 Paxos 信托公司发行的 Paxos Standard Token（PAX）均得到纽约州金融服务局（NYDFS）的批准。Libra2.0 白皮书充分考虑了各方监管关切，提出了一系列合规措施，包括放弃公有链、申请支付牌照、建立用户审核、反洗钱和反恐融资的合规框架等。

与私人数字货币不同，法定数字货币或央行数字货币"根正苗红"，不存在价格不稳定和合规性问题，但与私人数字货币开源、众智的创新方式相比，央行数字货币创新动力和能力略显不足。有些国家选择了以区块链技术为代表的加密货币技术路线，如加拿大的 Jasper 项目、新加坡的 Ubin 项目、欧洲央行和日本央行的 Stella 项目、中国香港的 LionRock 项目、泰国的 Inthanon 项目，而有些国家则摇摆不定，对是否采用区块链技术依然存有争议。于是出现了所谓基于账户和基于价值的央行数字货币"两分法"，通俗来说，前者是国家发行和运营的"支付宝"，后者是国家发行和运营的"比特币"。实质上，前者将央行数字货币的定义进行了"泛化"，将电子货币也纳入了数字货币范畴，更准确地说，应该称之为"央行电子货币"。数据显示，相较于2018 年 58.4% 的同比增长，2019 年我国移动支付交易规模同比增速仅为 18.7%，增速持续放缓意味着移动支付市场渐趋饱和，将步入存量竞夺的发展阶段。因此在第三方支付高度发达的国度，推出类"央行电子货币"的央行数字货币，亦有人对其建设意义存有疑虑。

区块链技术具有难以篡改、可追溯、可溯源、安全可信、异构多活、智能执行等优点，是新一代信息基础设施的雏形，是新型的价值交换技术、分布式协同生产机制以及新型的算法经济模式的基础。当前，各国基于区块链技术的央行数字货币实验进展迅速，内容已涉及隐私保护、数据安全、交易性能、身份认证、券款对付、款款对付等广泛议题。作为一项崭新的技术，区块链当然还有许多缺点与不足，但这正说明该技术有巨大的改进和发展空间。

三、央行数字货币的价值属性：央行负债，还是私人负债

既然称为央行数字货币，自应是央行的负债。但也有人提出了100%备付金模式：私人机构向中央银行存缴100%备付准备金，以此为储备发行的数字货币也可视为央行数字货币。IMF经济学家阿德里安和·曼奇尼-格里弗利（Tobias Adrian、Tommaso Mancini-Griffoli）将这样的央行数字货币称为合成型央行数字货币（Synthetic Central Bank Digital Currency，SCBDC）①，在此情形下，所谓的央行数字货币就不是央行的负债，只是以央行负债为储备资产，这样算不算真正的央行数字货币尚未有定论。合成型央行数字货币当然不能"只此一家，别无分店"，从技术的角度看，其间的交互不仅没有显著改善中央银行的服务压力，反而提高了系统的复杂程度。100%准备金存缴意味着数字货币的发行、流通、收回、销毁等全生命周期均要依附于传统账户

---

① Adrian, Tobias, Tommaso Mancini-Griffoli. The Rise of Digital Money［EB/OL］. FinTech Notes No. 19/001，［2019-08-15］. www. imf. org/en/Publications/fintech-notes/Issues/2019/07/12/The-Rise-of- DigitalMoney-47097.

体系，尤其是跨运营机构央行数字货币的流通，除了央行数字货币账本更新外，还要处理相应准备金账户间的清结算，在一定程度上会牺牲系统灵活性，准备金账户管理和额度管控的关系也会导致新的复杂性，有可能还需要成立专门的清算机构提供互联互通服务。

应该说，合成型央行数字货币只是诸多公私合营方案的一种，但并不唯一。公私合营是为了共同发挥公共部门和私人部门的优势，一方面保持中央银行的监管职能和信任背书的功能，另一方面发挥私人部门的活力和创新优势。关键在于，边界在哪里？如何分工？合成型央行数字货币将数字货币的技术设计、系统建设和日常运营交给了市场，同时又向市场机构让渡了一定的货币发行权，这是否最佳？我们可以看看 Libra2.0 的设计①，它俨然成了央行数字货币服务提供商的角色，为各国央行数字货币的发行和流通提供区块链即服务（Block-chain as a Service，BaaS）。各国央行无需独立建设各自的央行数字货币系统，可作为 Libra 网络的超级节点，直接利用 Libra 的区块链即服务平台，发行、流通和管理央行数字货币。在这一过程中，央行没有让渡货币发行权。相较于 100% 备付金模式或合成型央行数字货币，Libra2.0 的央行数字货币服务提供商模式也许是更好的公私合营范例。

从各国央行数字货币实验和计划来看，央行直接负债模式或许是主流。前述的数字美元方案明确数字美元由美联储发行，是美联储的负债。2020 年 5 月，数字美元基金会（Digital Dollar Foundation）与全球咨询公司埃森哲（Accenture）共同打造的数字美元项目（Digital Dollar Project）发布了一份白皮书②。白皮书也明确指出数字美元是美联储的直接负债，而且认为 Money（货币）与 Currency（通货）有着

---

① Libra 协会. Libra 白皮书 2.0 [EB/OL]. [2020]. 可从以下网址获得：https://libra.org/en-US/white-paper/.

② Digital Dollar Foundation. The Digital Dollar Project Exploring a US CBDC [R]. 2020.

本质的区别：Money 主要是存款机构的负债，但 Currency 是美联储的负债。它强调"中央银行货币发挥着特殊作用，特别是在批发支付和证券交易中。在美国，没有比美联储发行的货币更安全的货币了。它降低了结算风险并提供了结算的最终性，因此监管者和市场参与者对使用央行货币有着强烈的偏好"。这与国际《金融市场基础设施原则》（PFMI）原则九"货币结算"的观点一致。《金融市场基础设施原则》也强调，金融市场基础设施应该在切实可行的情况下使用央行货币进行货币结算。如果不适用央行货币，金融市场基础设施应最小化并严格控制因使用商业银行货币产生的信用风险和流动性风险。因此，从安全性角度看，应优先考虑基于央行直接负债的央行数字货币，而不是基于私人负债的央行数字货币。同数字美元一样，数字欧元也选择央行直接负债模式，而非100%备付金模式。

四、央行数字货币的生成：发行还是兑换

货币发行与兑换的区别在于：前者的主体是货币发行机构，属于主动供给；后者的主体是货币使用者，属于按需兑换。既然主动供给，就有量上的自由裁量，存在扩表发行的可能。按需兑换则是需求拉动，以一种形式的央行货币兑换另一种形式的央行货币，央行没有扩表发行。因此在央行资产负债表上，两者表现不同：按需兑换是在负债端完成 1：1 兑换，资产没有扩张；扩表发行则在资产负债两端均有扩张。

对于央行数字货币的生成，应是发行还是兑换？取决于央行数字货币的定位以及货币政策的需要。如果只是 M_0 的替代，那么它和现金一样，是按需兑换；如果中央银行根据货币政策目标的需要，通过资产购买的方式，向市场发行数字货币，则是扩表发行。扩表发行须界定合格的资产类型，以适当的数量和价格进行操作。

数字美元基金会的白皮书指出，数字美元是美联储以美元计价的负债，是 M0 的组成部分，作为其补充，像美元钞票一样分发，并强调数字美元对货币政策的影响中性，不会影响美联储货币政策。显然这一方案是遵循按需兑换的思路，白皮书还给出了实物现金和代币化数字美元的双层分发模型。而美国经济刺激法案中的"数字美元计划"则甩开了包袱，它设计了面向家庭财政补助以及在此基础上的小额支付场景，是"直升机撒钱"。

五、央行数字货币的技术路线：基于账户还是基于代币

研发央行数字货币首先要回答一个问题，什么叫央行数字货币。对此，目前还没有共识。2017 年，美国学者 Koning[①] 根据是否基于央行账户，提出央行数字账户（Central Bank Digital Account，CBDA）和央行数字货币（Central Bank Digital Currency，CBDC）的概念。2018 年，国际清算银行（Bank for International Settlements，BIS）的一篇报告[②]给出了一个比较有意思的定义，不过它不是正面回答这个问题，而是使用了一种排除法进行定义。它将目前存在的各类支付工具进行汇总，然后判定哪些不是央行数字货币，一一排除后，剩下的就是央行数字货币。

国际清算银行使用了四个维度的标准：是不是可以广泛获得、是不是数字形式、是不是中央银行发行的、是不是类似于比特币这种技术产生的代币。按照这四个维度，现金是可以广泛获得的，非数字化

---

① Koning J P, Evolution in Cash and Payments: Comparing Old and New Ways of Designing Central Bank Payments Systems, Cross-border Payments Networks, and Remittances. R3 Reports. [R/OL]. [2017]. https://www.r3.com/research/#toggle-id-14.

② Committee on Payments and Market Infrastructures, Markets Committee. Central Bank Digital Currencies. [R]. 2018.

的，中央银行发行的，以代币形式存在的货币。银行存款是可以广泛获得的，数字化的，非中央银行发行的，不是代币形式的货币。它们都不是央行数字货币。除了现金，中央银行发行的货币还有银行准备金，包括存款准备金、超额存款准备金。银行准备金已经数字化，但是国际清算银行认为，这不是中央银行要真正研究的央行数字货币。

　　一种可能的央行数字货币是，中央银行的账户向社会公众开放，允许社会公众像商业银行一样在中央银行开户，这一点其实容易理解，相当于中央银行开发了一个超级支付宝，面向所有的 C 端客户服务。国际清算银行认为，这样形成的央行货币是央行数字货币，将其称为基于账户（Account）的央行数字货币，或称央行数字账户（Central Bank Digital Account，CBDA）。另一种可能的央行数字货币是中央银行以比特币这种技术发行的代币，可称为基于代币（Token）的央行数字货币，或称央行加密货币（Central bank Cryptocurrency，CBCC），这类货币既可以面向批发，也可以面向零售。代币模式本质上是一种全新的加密账户模式，在该模式下，用户对账户的自主掌控能力更强。基于账户还是基于代币，代表了两种不同的技术路线，哪种路线占据主流，有待观察。笔者认为，代币模式可以突破现有账户体系的禁锢，在开放环境下，对交易安全、数据安全和个人隐私保护等问题提供一整套新的解决方案，其支撑技术即为区块链技术①。

　　目前各国央行数字货币实验大都选择了代币模式。同样，数字美元基金会的白皮书也明确提出，它的愿景是将美元代币化，使数字美元成为一种新的更具活力的央行货币。他们认为"代币化为支付和金融基础设施领域的创新提供了无与伦比的机会"。他们还指出了账户模式存在非最终结算的缺点："移动支付系统速度更快、更方便，但它仍然是基于账户的，这意味着交易尚未完成或不是'最终'的，在记录、

---

① 姚前 . 数字货币的前世与今生［J］. 中国法律评论，2018（6）.

核对和结算各自的借贷交易之前，仍然可以撤销。"

从隐私保护角度看，采用代币模式的央行数字货币可吸收实物货币"点对点"支付和匿名性的特性，将支付权利真正赋予用户自身。在一定程度上，第三方支付的出现破除了用户对银行账户的依赖以及被施加的约束（如需要访问多个银行的网银办理业务、一层层烦琐的业务程序等），有效释放了用户的支付主动性和能动性，降低了支付交易成本。但这还远远不够，货币、账户的所属权归谁？其中的信息可向哪些人透明？透明到什么程度？可否被追踪？这些理应都由用户自主掌控，但在现有账户模式下，中介机构拥有更大控制权。

代币模式的另一好处在于金融普惠。美国联邦存款保险公司（FDIC）在 2017 年开展的一项调查发现，大约 1400 万美国成年人没有银行账户，这一情况在新冠肺炎疫情期间变得更加麻烦，导致美国政府难以向其中许多人发放紧急救济资金。而基于代币的数字美元钱包的相关成本要低于传统银行账户的成本，相应的服务覆盖范围可扩大到虽没有银行账户但能够使用移动设备的人群。

六、央行数字货币与智能合约：审慎还是积极

智能合约最早由密码学家尼克·萨博于 1993 年提出，它是区块链上可以被调用的、功能完善、灵活可控的程序，具有透明可信、自动执行、强制履约的优点。目前看，加拿大、新加坡、欧洲央行和日本央行开展的央行数字货币实验均应用了智能合约，它们的实验项目运行在以太坊、Corda、Hyperledger Fabric、Quorum 等带智能合约的平台上，加拿大的 Jasper 项目、欧洲央行和日本央行的 Stella 项目建立了基于智能合约的流动性节约机制（Liquidity Saving Mechanisms，LSM），新加坡的 Ubin 项目通过智能合约发行央行数字货币。笔者曾结合央行

数字货币的可编程特点，提出央行数字货币发行的"前瞻条件触发"机制①，包括时点条件触发、流向主体条件触发、信贷利率条件触发和经济状态条件触发等货币生效设计，研究显示可编程性为央行数字货币提供了极大的创新空间，有效丰富了央行的货币政策工具。

数字美元基金的白皮书对数字美元的可编程性以及智能合约的应用也持积极的态度。它认为，数字美元提供了超出当今央行准备金和纸钞之外的新功能和实用性，其中就包括可编程性。数字美元的可编程性将为价值转移的创新和精确性开辟更多的途径。它指出"在全球范围内，各国政府和私营机构正在试验代币化的商品、合同、法定所有权，最关键的是，商业银行和央行的数字货币可以与算法驱动的智能合约相结合。虽然刚刚起步，但这一数字创新仍在全球范围内不断扩展"。它还提出央行数字货币可编程的两个好处：一是可编程的央行数字货币若与数字证券相结合，可实现真正的原子结算；二是数字美元的可编程性可更好地控制用户数据的收集与利用，比如可控匿名。

七、央行数字货币的运行架构：单层运营与双层运营

笔者在 2017 年专文阐述央行数字货币发行的二元体系②："虽然纯数字货币系统可以不与银行账户关联，但由于我国的货币发行遵循中央银行到商业银行的二元体系，而且当前社会经济活动主要基于商业银行账户体系开展，如可以借助银行账户体系，充分利用银行现有成熟的 IT 基础设施以及应用和服务体系，将大大降低数字货币推广门槛，提高使用便捷性和灵活性，有助于最广大的客户群体使用数字货币。数字货币在融入现有的应用基础之上将拓展出更加丰富和多元化

---

① 姚前．法定数字货币对现行货币体制的优化及其发行设计［J］．国际金融研究，2018（4）．

② 姚前．数字货币和银行账户［J］．清华金融评论，2017（7）．

的场景，数字货币的自身服务能力和竞争力也将进一步增强。"

在具体思路上，可采用笔者在前述提出的"商业银行传统账户体系+数字货币钱包属性"的设计思路，由此央行数字货币不仅可以有机融入"中央银行-商业银行"二元体系，复用现有的成熟的金融基础设施，更重要的是，此一处理，既可使之独立开来，又可分层并用，发钞行只需对数字货币本身负责，账户行承担实际的业务，应用开发商落实具体的实现，各司其职，边界清晰，若辅之以其他手段，或可降低银行存款大规模流失的可能性。而且增加数字货币属性也是对商业银行账户体系的创新，商业银行不仅可以利用现有账户系统继续为本行客户提供数字货币服务，还可以利用数字货币的新特性积极拓展新型业务，进一步加强自身的服务能力与竞争力。

此后的国际清算银行报告①提出与二元体系相似的双层架构（Two-tiered System）。库姆霍夫和努恩（Kumhof and Noone，2018）② 提出的间接央行数字货币模型（Indirect CBDC Model）以及阿德里安和曼奇尼-格里弗利（Tobias Adrian and Tommaso Mancini-Griffoli，2019）③ 提出的合成型央行数字货币其实也是采用了双层架构方案。双层架构正逐渐形成各国的共识。

但笔者以为，双层运营与单层运营并非二选一的关系，就像出租车与公共汽车，二者似可并行不悖，兼容并蓄以供用户选择。前文述及的数字美元方案不仅提出了双层运营，同时还考虑了单层运营，即美联储直接向社会公众提供数字美元服务。如果央行数字货币直接运

---

① Raphael Auer and Rainer Böhme. The Technology of Retail Central Bank Digital Currency［J］. BIS Quarterly Review，2020（3）.

② Kumhof，M and C Noone. Central Bank Digital Currencies-Design Principles and Balance Sheet iImplications［G］. Bank of England Working Papers，no 725，2018.

③ Adrian，Tobias，Tommaso Mancini-Griffoli. The Rise of Digital Money.［EB/OL］. FinTech Notes No. 19/001（July 15）.［2019-08-11］. www. imf. org/en/Publications/fintech-notes/Issues/2019/07/12/The-Rise-of- DigitalMoney-47097.

行在以太坊、Libra2.0 等区块链网络，那么中央银行可借助它们的
BaaS 服务，直接向用户提供央行数字货币服务，无需借助中介机构，
用户也无需托管数字钱包。单层运营可以使央行数字货币更好地惠及
弱势群体，实现金融普惠。欧洲中央银行的数字欧元报告也同时考虑
了单层运营和双层运营，用户可直接访问中央银行资产负债表，也可
通过中介机构，由其作为结算代理人开展数字欧元交易。

　　央行数字货币的建设与推广，是依赖新型的金融科技公司，还是
传统的金融机构？这里当然不是非此即彼的关系，理论上讲，只有充
分发挥各方的优势，央行数字货币这个新生事物才能根深叶茂，行稳
致远。

八、央行数字货币与货币政策工具：计息，还是不计息

　　不计息，央行数字货币仅是一种支付工具，就像实物现金一样；
计息，央行数字货币则是生息资产，成为一种新的价格型货币政策工
具。一是在批发端（Wholesale），当央行数字货币利率高于准备金利率
时，它将取代准备金利率成为货币市场利率走廊的下限；二是在零售
端（Retail），央行数字货币利率将成为银行存款利率的下限。若央行
数字货币完全替代现金，那么可以实施有效的负利率政策。但许多人
对央行数字货币计息存有疑虑，担心会引发存款从商业银行转移到中
央银行，导致整个银行体系信贷能力萎缩，成为"狭义银行"。

　　笔者认为[①]，实质上，中央银行对央行数字货币具有无可辩驳的控
制权，央行数字货币对银行存款也并非就是完美的替代品，比如银行
存款可以透支，而央行数字货币不行。而且商业银行也不是完全被动

---

① 姚前．法定数字货币的经济效应分析：理论与实证［J］．国际金融研究，2019（1）.

的，它们会对央行数字货币的优势做出反应。为了防止在计息的情况下央行数字货币对银行存款的替代，至少可以采取以下措施，增加银行存款向央行数字货币转化的摩擦和成本。一是央行可以参照实物现金管理条例对央行数字货币实施"均一化"管理，以此管控央行数字货币的大额持有，实质上就是管控大额取现。二是中央银行对银行存款向央行数字货币每日转账施加限额，不支付高于规定限额的余额的利息，降低大额央行数字货币的吸引力。三是商业银行引入大额央行数字货币提款通知期限，对可能接近现金存储成本的异常大额余额征收费用。四是商业银行提高银行存款吸引力，比如提高利息或改进服务。因此，无需对央行数字货币怀有"狭义银行"恐惧症。

数字美元方案似乎也不在乎"狭义银行"，提出直接对数字美元计息，突破了当下各国央行数字货币实验暂不计息的谨慎思路。欧洲中央银行的数字欧元报告虽然强调应避免资金从银行存款突然转移到数字欧元而带来的相关风险，但它不反对数字欧元计息，提出所谓的分级计息系统（a tiered remuneration system），以可变的利率对不同数字欧元持有量计息，以减轻数字欧元对银行业、金融稳定和货币政策传导的潜在影响。

九、央行数字货币的监管考量：实现隐私保护与监管合规的平衡

身份可信是现代经济社会稳定运行的基础。身份管理如此重要，以至于世界各国都将其作为最根本的社会治理制度之一。在我国，自殷商以来就有严密的户籍管理制度，是征兵、赋役、管制的基础。户籍管理不仅中国有，国外也同样有。外国的户籍管理多叫"民事登记""生命登记"或"人事登记"，叫法不一，但基本上与我国的户籍管理大同小异。如果说现实生活中的身份管理依托于人口登记，那么数字世界中的数字身份又该如何展开，如何维护，如何管控呢？目前的公

私钥体系还有哪些需要改进的地方？这些都是央行数字货币必须研究的问题。

央行数字货币赖以运行的一大技术支柱是密码算法。现有加密数字资产的纯匿名方式会引发用户的财产损失风险，在央行数字货币体系中必须彻底解决。同时，在央行数字货币的用户体验上，也需要考虑用户个人隐私保护的需求，通过隐私保护技术确保用户数据的安全，避免敏感信息的泄露，且不损害可用性，为央行数字货币流通营造一个更为健康的使用环境，体现央行数字货币竞争优势。在央行数字货币监管方面，利用数字货币"前台自愿，后台实名"的特性，通过安全与隐私保护技术来管理相关数据使用权限，实现一定条件下的可追溯，确保大数据分析等监管科技有用武之地①。

在前述笔者构建的"一币、两库、三中心"央行数字货币原型系统中，由央行通过认证中心对央行数字货币机构及用户身份信息进行集中管理，它是系统安全的基础组件，也是可控匿名设计的重要环节。登记中心则记录央行数字货币及对应用户身份，完成权属登记，并记录流水，完成央行数字货币产生、流通、清点核对及消亡全生命周期登记。这里的机制是认证中心和登记中心的数据，若非监管和司法需要，不得随意匹配，要有防火墙来进行两方相关数据的隔离。数字身份的独立和严格管理，既可以提供公共服务，又意在保护用户隐私。

十、结语

2017 年，笔者曾撰文探讨数字法币的内涵与外延："法定数字货币在价值上是信用货币，在技术上是加密货币，在实现上是算法货币，在应用场景上则是智能货币。与现有的私人数字货币和电子货币相比，

---

① 姚前. 央行数字货币的考量 [J] . 第一财经 APP, 2018 (3) .

法定数字货币将呈现出全新、更好的品质。让货币价值更稳定，让数据更安全，让监管更强大，让个人的支付行为更灵动，让货币应用更智能，不仅能很好地服务大众，同时又能为经济调控提供有效手段，还能为监管科技的发展创造坚实的基础，这些优秀品质是中国法定数字货币所追求的目标。"①

时至今日，虽然各国"引而不发"，至今还没有出现真正意义上的央行数字货币，但无论是数字美元方案，还是数字欧元报告，均表明美国和欧洲均已正式加入"火热的央行数字货币战局"。事实上，美国人在稳定币方面的探索与实践一直走在世界前列，美国的入局将像催化剂一样，大大加速全球央行数字货币的研发，央行数字货币时代或不再遥远。作为大国，我们应在这一数字创新浪潮中迎头而上，积极有为。

数字时代已然来临，数字货币时代也必将来临。

---

① 姚前. 理解央行数字货币：一个系统性框架 [J]. 中国科学，2017（11）.

第七章　可信身份、数字征信与
去中心化金融

满足 KYC、AML、CFT① 要求是 DLT-FMI 的基本前提，这一切的基础是可信身份。区块链技术不仅重塑金融市场基础设施，而且还带来新的数字身份体系。本章第一节提出基于区块链的可信身份体系。

如果说数字身份是新型基础设施，那么数字征信就是新型基础设施之上的数据综合服务平台，体现让数字说话，根据数据提供高效的在线金融服务的思想，区块链和大数据技术将在其中发挥巨大的作用。本章第二节提出数字征信的概念与方案设计。

智能合约是 DLT-FMI 的核心基础。基于智能合约，可发展出去中心化存贷、资产交易、衍生品交易、保险等各类充满活力的去中心化金融应用（DeFi）。本章第三节对去中心化金融进行了探讨。

第一节　可信身份

网络身份已经成为互联网的重要战略资源，其认证服务模式和认证方式的应用也在发生巨大变化。生物特征识别、云计算、大数据等技术的融合发展，极大地促进了网络可信身份在金融、政务、医疗等各大领域的应用。

---

①　KYC：了解你的客户；AML：反洗钱；CFT：反恐融资。

当一个用户使用多个机构的服务时，仍旧需要使用多套账户，机构与机构之间的跨机构访问，以机构为中心的身份管理也难以应对。目前，身份管理已经打破应用或者机构边界，逐步形成以用户为中心的身份管理。以用户为中心的身份管理能够确保用户用少量的身份，使用跨机构、跨地域、甚至跨国界的服务。业界已涌现出一系列标准，用于不同的网络身份认证系统之间的互联互通，以及跨域进行访问授权。

互联网应用和服务层出不穷、形式多样、更新频繁，不同网络应用或服务对用户的可信安全需求也各不相同。即使相同的应用，在不同的环境和场景下对用户的鉴别也有不同的安全要求。支持多等级的安全身份鉴别，以满足不同类型、不同规模的应用在安全性、隐私保护能力、赔付能力等方面的差异化需求是现代身份鉴别的重要内容。应用或服务可能需要针对不同的用户和应用场景，配置不同的安全策略。举例来说，对于需要处理不太敏感信息的应用，仅通过一般鉴别强度的用户实体就可使用；对于安全风险较大的环境，需要使用更强鉴别功能的方法。

一、可信身份的定义和价值

每个自然人在社会生活中会存在多种身份，如在公司中，某个人是公司的人力资源总监；在家中，可能是丈夫或妻子；对于银行来说，某个人是它的客户，对于房子来说，某个人是它的房主，对于汽车来说，某个人是它的车主。可以发现，自然人的身份随着不同的场景变化而发生变化。对于银行来说，它关注的是你是不是它的客户，是不是有资金业务发生，它不会关注你在家庭中的身份。

身份是承载了关系双方的标识。如对于国家来说，每个自然人有着公民的身份，通常使用身份证作为身份凭证，公民的身份标明了你的合法身份信息，表明你可以享受宪法赋予的人身、政治、经济和文化各方面的权利和自由。对于区块链来说，私钥代表了身份，拥有了私钥就拥有了使用私钥控制的数字资产。身份作为承载双方关系的标识，在使用过程中必然会包含认证与验证两个过程。如在网络上账号的注册和登录就是认证与验证的两个过程。

随着互联网、移动互联网、区块链、5G 等技术的快速发展，数字化身份几乎覆盖了所有的应用场景中。人们原来使用的传统线下业务办理几乎都已经或即将转为线上业务办理，因此对于数字化身份的验证变得越来越重要。

身份可以分为可信身份与非可信身份两大类。非可信身份可以理解为未经权威身份认证机构认证的、仅在某一业务领域被认可的身份。这类身份往往缺少法律支持，可用于标识数字化网络身份（如在某网站的账号，该账号仅能在登录该网站时认证使用，不具备公信力），也可用于标识数字资产身份（如区块链应用的私钥和资产地址）。可信身份可以理解为经权威身份认证机构认证的、满足相关监管要求的、受相关法律保护的身份。可信身份可标识数字化身份主权，及可信身份的所有者负责其数据的控制和管理，这不仅包括基本的个人数据，还包括有关自然人与他人、公司甚至事物的关系的信息。由用户控制其数据，这与诸如欧盟通用数据保护法规（GDPR）之类的数据保护法的目标一致。目前满足可信身份条件的主流产品是由第三方 CA 机构为用户颁发的数字证书。

我国《网络安全法》中第二十四条提道："国家实施网络可信身份战略，支持研究开发安全、方便的电子身份认证技术，推动不同电子身份认证之间的互认。"该条款对于构建我国网络空间秩序，推动我国网络快速发展具有非常重要的意义。针对某些需要高度信任的应用场景，要求使用可信身份非常必要，一方面能够确保关键应用具有较高的可信度，另一方面能够较为有效地对网络行为进行责任追究，这对于维护网络秩序具有重要的意义。

在数字化世界，可信身份可以解决以下四方面的问题：

一是解决无法识别用户身份、无法确认用户行为的可信性问题。《中华人民共和国电子签名法》明确了第三方 CA 机构可作为服务方为用户提供电子认证服务，具体表现形式可以是为用户颁发基于国密 SM2 椭圆曲线公钥密码算法数字证书。由权威机构（第三方 CA）背书的用户身份是从法律层面讲是可信的、可监管的。

二是解决对于用户网络行为无法溯源的难题。可信身份的数字证书签名具备不可否认、不可篡改的特性，也就是说用户使用可信身份在网络上任何行为（经过数字签名）都是可以追溯的。

三是解决用户个人隐私泄露和被滥用的难题。当前用户的个人隐私数据从名义上讲归用户所有，但众多的应用系统或多或少都在不经用户授权滥用个人隐私数据。每年众多的用户数据泄露事件也说明了应用系统对于用户隐私数据的保护不力导致个人隐私信息被泄露和滥用。使用基于数字证书的可信身份，可以由用户对个人隐私数据加密保护，在需要做信息转发时，可以使用另一方的数字证书进行加密，最终信息只能由另一方解密，整个过程都是信息加密后传输，不会被破解和窃取，从而保证了数据不会泄露不会被滥用。

四是解决用户数据确权的难题。互联网时代，数据拥有价值，个人信息也是一种财产权益。但各类互联网平台、应用往往通过"用户协议""免责声明"等手段规避风险、合法的获取用户数据，并且在业务中使用用户数据，在此过程中并没有用户的许可或者授权。尽管有的平台或应用在某些场景下加入了用户授权许可的控制，但整个过程缺少强身份认证及数字签名机制，存在用户授权许可无法追溯的问题。特别是随着数字资产化需求越来越多，迫切地需要用户明确数据所有权和使用权。而可信身份由权威机构背书，通过数字证书对电子数据签名后，可明确数据的所有权。

二、可信身份存在的形式

从单一身份认证的角度讲，可信身份是第三方 CA 机构提供的用户身份验证结果。从数据确权的角度讲，目前满足可信身份条件的主流产品是由第三方 CA 机构为用户颁发的数字证书。按照国密相关技术规范要求，数字证书对应的私钥必须安全存储。

目前数字证书存储介质主要包括硬件加密机、加密卡、智能密码钥匙。这些基于硬件安全芯片的产品在安全性和稳定性方面表现优异，但不易携带，使用限制也非常多，更无法在移动终端使用。为解决使用不便的问题，移动证书管理器作为一款兼顾安全与使用体验的产品越来越被接受。移动证书管理器是一款遵循国密相关安全规范，满足《GMT 0028—2014 密码模块安全技术要求》安全等级二级的产品。移动证书管理器采用密钥分割存储技术，将用户私钥通过特殊算法分散在移动端和服务端，并使用用户 PIN 口令保存，并通过防暴力破解机制进行保护。在对数据签名或加密时，通过移动端和服务端协同计算的方式最终得到签名值或加密值，在整个过程中，私钥任何时候都不会以完整的形式出现，有效地保证了私钥的安全。移动证书管理器的形态是 SDK，可以在 Android/iOS 等系统下集成于 APP 中，对用户来说几乎达到无感，既能安全地使用数字证书，又有非常好的用户体验。

三、基于大数据的行为追溯强化了网络可信身份管理

在目前的网络可信身份管理技术发展趋势下，个体的身份、行为信息存储在身份管理机构，随着大数据在各行各业的应用和发展，可通过构建网络身份与行为数据中心，实现对用户在不同身份管理机构的身份关联，从而完成用户行为预测和网络可信感知。

通过与身份管理机构进行用户身份与行为数据的交换，利用不断积累起来的历史元数据，可以获得用户身份关联、行为预测、网络可信感知等能力，建立用户网络活动信用档案，提高追溯能力。通过对用户行为大数据的监控与预测，可以发现异常行为提前预警，实现快速追踪；还可实现网络可信感知和网络宏观状态发现，包括上网流量分析、网络关注度分析、异常分析和报警等。

四、可信身份体系

（一）体系设计

可信身份体系涉及互联网网络空间各个参与方，抽象来看主要包括可信身份监管保障方、可信身份基础信息方、可信身份服务提供方和可信身份服务使用方等多方角色。

可信身份监管保障方是指具有法定权利或由主管部门授予监管职责的监管机构，包括产品检测、风险检测、责任认定、网络执法等监管职责。

可信身份基础信息方包括国家人口库、法人库、信息信息库、电子证照库等国家基础信息库以及金融信息库、电信运营商信息库、行业身份信息库等各行业领域在运行过程中积累的用户身份、属性和行为等身份信息数据库，为可信身份服务提供方提供身份信息的校验、属性信息的验证以及信用信息的查询等信息服务。

可信身份服务提供方包括身份认证、属性验证、电子认证、行为取证和信用服务等各类身份服务的提供者，依托可信身份基础信息方校验用户身份，为可信身份服务使用方提供各项身份服务。

可信身份服务使用方涉及电子商务、电子政务、社交生活、互联网金融等互联网服务提供方，也可以是区块链应用方，这些主体依托可信身份服务提供方提供的身份服务校验使用互联网应用的用户身份。

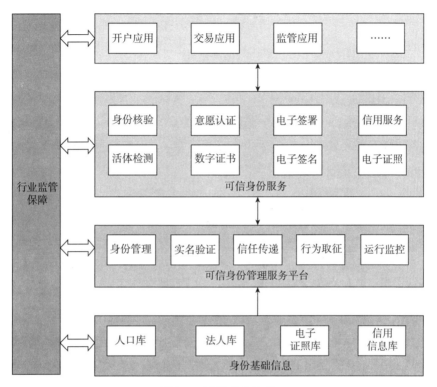

图7-1　可信身份体系

（二）区块链可信账户

可信账户基于全球主流的区块链账户标准体系构建的，可信账户可以跨链、跨应用使用，实现可信账户链接一切的愿景。可信账户为用户塑造完整、可信的"自主身份"，构建以用户为主导的数据管理和应用平台，解决了传统的大数据解决方案数据在平台方，自然人数据难以共享的瓶颈问题。通过可信账户的建设，可以跨链、跨应用证明"我是我"。可信账户身份源基于数字证书可信身份体系，符合《电子签名法》和《网络安全法》的要求，确保在合规合法的情况下实现数权的授权访问和可信数据的交换。

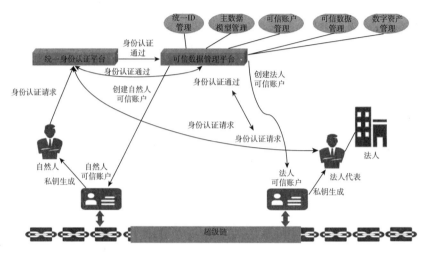

图 7-2　区块链可信账户

（三）区块链可信数据

可信数据是来自政府部门或者第三方权威机构并能确定数据源的数据。在区块链中是用可信账户签名并上链的数据。可信数据是以大数据局的角度出发定义的可信数据，不能认为国家的数据比省市的更可信，所有的数据无论是国家级还是省级，或者是运营商的数据，在没有整合前，对大数据局来说都是 L1 级（部门级可信数据），只有形成了黄金记录后才是 L2 级（全局可信数据）。

可信数据并不是 100% 准确的数据，数据的黄金记录是在现有数据资源下，最准确和可信的数据。可信数据按照统一的数据标准存储在主数据模型之中。一数一源的数据源可以直接进数据的黄金记录，如果多个数据源数据不一致，通过数据智能枢纽的数据归并把最准确和可信的数据写入黄金记录。主数据模型中，除了存储数据的黄金记录，也存储 L1 部门级可信数据。可信数据管理平台提供数据纠错机制，可以让前端用户提交错误的记录。可信数据管理平台支持数据的版本管理，可以解决政务人员为了业绩添加的数据不显示在用户客户端的问题。

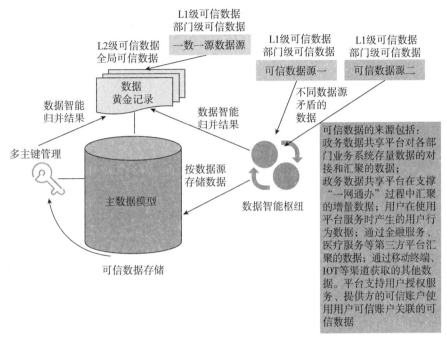

图 7-3　区块链可信数据

五、可信身份使用场景

（一）传统使用场景

在传统应用的使用场景下，可信身份服务提供方（如第三方 CA 机构）通过线上、线下的方式提供可信身份服务。传统应用可以将数字证书使用组件集成到应用中，用户可直接使用第三方 CA 机构颁发的可信身份凭证（数字证书）。传统应用也可以通过集成可信身份服务提供方（如第三方 CA 机构）提供的身份验证 SDK 实现对用户身份的验证。

（二）区块链应用的使用场景

一是高级别认证，数据确权。互联网时代，数据拥有价值，个人信息也是一种财产权益。数据和传统的商品不同，虽然也可以被买卖、转让和使用，但数据的特性就是可复制，如果不在开始之初就对数据进行确权，那么该数据一旦被复制和分发后，很难说谁拥有该数据的使用权和归属权。从数据安全的角度讲，通常需要从机密性、完整性、可用性三方面考量。机密性，是如何防止数据泄露，如何防止不该访问数据的人看到数据。完整性，是如何保证数据时刻处于当时被存入的样子，也就是数据不会被人篡改。可用性，是如何能在随时想要访问数据的时候就能访问到数据。

区块链自身技术以其不可篡改的特点，在某种程度上以牺牲数据的机密性为代价，可以保护数据的完整性，但无法同时满足数据安全三方面的要求。

而结合可信身份可以有效地解决这个难题。首先由第三方 CA 机构为用户颁发可信身份凭证（数字证书），既保障了用户身份的合法性、且过程受相关部门监管，又保证了数字签名受《电子签名法》保护。然后，持有可信身份的用户可以对数据进行签名、加密等处理，由《电子签名法》保障了该数据的使用权和归属权，对数据加密处理时既可以选择使用自己的公钥加密，也可以选择使用另一方的公钥加密，保证了数据的机密性。最后结合区块链技术实现数据上链，可以说可信身份是链下和链上的桥梁。

二是低级别认证，身份确认。匿名性和去中心化是区块链的特点，一个区块链上如果用户只有匿名的地址是无法证明自己的真实身份，那么其应用的场景必然变得狭隘，然而从实际业务角度，某些应用对于数据确权的要求不高，但希望将区块链匿名账户与现实中的身份做实名绑定，这种情况下不需要由第三方 CA 机构为用户颁发可信身份凭证（数字证书），只需要由第三方 CA 机构（或可信身份服务提供方）提供身份验证服务做身份确认即可。

此场景下，首先可以由区块链应用（如钱包）引导用户登录，然后引导至身份认证页面，采集用户的身份信息（如身份证姓名、号码），在对用户做活体检测之后，拍摄包含人脸的照片，最后将用户的身份信息（如身份证姓名、号码以及人脸照片）发送至可信身份服务提供方验证，验证通过后完成用户虚拟账户与实人身份的绑定。

六、可信身份建设的重点

一是可靠信任源点。信任服务机构应直接对接国家权威机构提供服务（如全国居民身份证号码查询服务中心）。

二是具备高性能数字证书签发能力的 CA 机构。开户签署相关文件应采用第三方 CA 机构签发的数字证书进行数字签名，数字证书应由 CA 机构直接签发避免使用二级证书签发的"事件证书"，据此 CA 机构至少能达到 3000tps 服务能力。

三是可信身份签发速度。相关开户文件应采用同步方式签署，即只有确认签署成功后，业务系统才能完成开户操作，从用户体验考虑，对签发速度应在 100ms 以下。

第二节　数字征信

当前我国社会信用制度体系已经初步建立，建成了世界最大的企业和个人征信系统，基本实现经济主体全覆盖。由中国人民银行牵头推动建设的全国集中统一的金融信用信息基础数据库已经成为全球覆盖人口最多、收集信贷信息量最全的企业和个人征信系统，截至目前已累计收入近 11 亿自然人、6000 万户企业及其他组织的信用信息。风控是金融业务的核心之一，征信作为信用体系中的关键环节，奠定了金融信用风险管理的基础，其重要性不必多言。由于非营利、非市场化的定位，中国人民银行征信中心现有数据的覆盖率比较有限，仍存在许多信用白户。中国人民银行征信中心对于接入机构的要求比较高，多数非银金融机构达不到其门槛，无法接入征信系统，造成中国人民银行征信系统对近年来兴起的互联网金融和消费金融行业缺乏覆盖的现实。传统征信业中信用信息不对称、数据采集渠道受限、非法数据交易、数据隐私保护不力的问题愈加严峻。由于信息不对称，金融机构无法获得翔实的中小企业信用信息，导致中小企业长期受到融资难、融资贵问题的困扰。而各个金融机构不愿将自己的征信和风控数据与他方共享，导致形成"数据孤岛"，使得"多头借贷""骗贷"等欺诈事件和信用违约等失信事件时有发生。

在数字经济时代，面对新形势、新问题，传统的征信体系需要应用新理念、新方法、新技术升级为数字征信体系，以更好地支持数字经济的发展，扶持中小微。利用区块链技术促进城市间在信息、资金、人才、征信等方面更大规模的互联互通，促进生产要素在区域内有序高效流动成为一个现实的课题，构建适应数字时代高质量发展的数字征信体系，助力现代普惠金融体系发展也成了必然。

一、数字征信的概念

根据国际实践和有关理论探讨，数字征信应具有以下具体特征：

第一，利用大数据、区块链等新技术，推动非信贷类征信信息充分共享。包括大力推动政府数据开放共享和企业化运营，完善数据采集的标准和规则，推进市场化机构之间的信息互联互通和征信一体化。

第二，运用数字化手段，创新征信服务新模式，实现更大范围、更深层次的普惠征信。

第三，数字征信是对现有征信业法律法规和相关的配套机制的完善，特别是加强消费者权益保护，确保征信服务体系普惠公平。

二、数字征信解决方案设计

（一）设计原则

数字征信对于征信机构而言，数据汇集不再局限于自身归集的数据，可通过征信区块链共享数据，开展跨区域的应用协同。

数字征信对于使用者而言，在授权管理和实用追溯的强监管下，应有利于推动机构内更多用户合法依规应用数据，避免操作风险、道德风险。

（二）解决方案目标

首先是助推数据共享与协作。区块链通过哈希处理等加密算法进行数据脱敏以及去中心化的数据存储方式可保证数据的私密性以及安全性，有效破除信息源主体对数据失控的担忧，推动更多数据源参与，打破信息孤岛，实现互联互通促进价值交换。

其次是强化征信监管。一是实现对信息授权采集及使用的强控制。通过智能合约保障前置授权采集和查询，链上沉淀授权使用痕迹达到无限追溯的效果。二是运用不可篡改特性提高监管效果。从底层架构保障使用追溯的确定性，可以长期进行保存。匹配技术的监管方式可以增强对使用者的合规管理。

最后是赋能征信应用场景。从信息源角度而言，数据主体的授权、数据安全管理、数据应用均在链上实时管控，尤其像个人征信数据，在区块链技术下更具操作性和安全性。

（三）总体设计

通过构建灵活的征信区块链及应用平台，支持动态引入各地征信机构，在保证数据安全和数据隐私的前提下，打破数据孤岛，实现征信机构之间的数据互联互通与可信共享。

在系统设计上，一是监管中心化，是将各地的金融监管机构作为监管中心节点，参与链上征信数据和应用的监管。二是各地征信机构作为去中心化的节点上链。在技术和应用设计上，打造应用平台，在异地征信机构接入、征信应用服务等方面集成支撑能力。安全上，征信链依授权访问和使用，采用加密和共识机制确保商业机密及个人隐私保护，避免服务器攻击、数据泄露。采用可控的管理体系满足高并发和高吞吐量要求。

数字征信系统的服务对象主要包含下列三类：

一是监管部门，通过平台对各征信机构"上链"数据、企业授权信息、征信查询记录进行监管，并对征信数据更新、查询历史进行追溯监控，实现业务全流程监管。

二是征信查询机构，如商业银行等金融机构。征信查询机构可在征信链应用平台上依据授权查询征信报告。

三是征信机构，各地征信机构将征信信息上链，通过征信链应用平台实现数据共享和征信服务协同。

（四）业务功能

一是实现征信信息共享协同，各地征信机构通过征信链实现征信信息管理和数据确权并开展互联互通。各地征信机构等数据上链存储，基于征信链的征信查询可以集成各地征信机构的征信数据，配合实现一体化征信服务。

二是授权管理，将征信主体的授权信息上链存储，通过征信链实现授权有据可查，防止被篡改。

三是历史追溯，将查询机构的查询历史和征信机构的征信数据上链存储，通过征信链管理数据使用历史，实现服务的征信监管。

（五）架构设计

数字征信区块链系统由两大核心部分构成：区块链网络和征信查询服务平台。

区块链网络是基于联盟链底层平台构建的由监管、征信及金融机构等多方参与的征信联盟链，通过分布式账本技术使得多方可以共同参与并维护征信查询相关业务数据，在保障数据安全前提下提升征信数据的维度和质量。利用区块链的不可篡改技术特性将数据哈希摘要上链，保障全程透明可审计，确保数据使用的合法合规。通过使用智能合约技术实现了联盟成员内的征信数据共享，在获得用户授权且保障数据安全的基础上实现征信授权和查询行为数据上链存证，征信数据使用全流程可追溯，实现穿透式监管，降低监管成本。

征信查询服务平台是基于区块链网络的分布式征信应用平台，主要提供对外查询服务，查询机构可通过平台的一次授权查询网络中所有发布的征信数据，避免当前"多次授权，多头查询"的情况，极大地提升了业务效率。

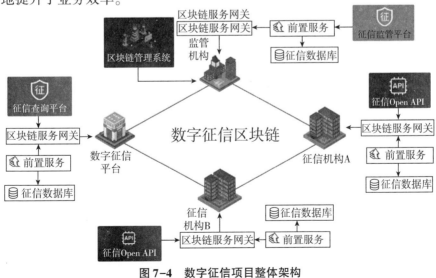

图7-4 数字征信项目整体架构

三、数字征信价值分析

随着征信的互联互通，数字征信将成为数字金融基础设施的重要组成部分，助推数字金融更广泛的应用，将能更好地解决中小企业的融资问题，降低金融机构的成本与风险，提升社会效益总和。

基于数字征信体系，将可能带来更多的业务创新，通过降低信任和协作成本，促进经济社会高效率运行。

（一）金融产品创新

通过数字征信及其他新兴技术，可以更快、更好地了解客户，也更容易开发出针对行业、客户的定制化金融产品，为客户提供高效、成本低廉的金融服务。

（二）金融扶持的精准滴灌

不管是对初创企业、产业扶持企业，还是受疫情影响需要政府帮扶的企业，通过数字征信手段，可实现金融服务的精准滴灌，并可通过大数据进行风控，降低诈骗风险，结合惩戒机制和风险信息共享，规范金融扶持活动，实现良币驱逐劣币。

（三）基于联盟自治的数据交易分布式商业模式

通过设计充分调动各参与方积极性的激励机制以及多方参与的协同治理机制，在保护数据安全和隐私的前提下，引入第三方企业数据（如运营商）、政务数据、机器数据等。结合多方安全计算、联邦学习等技术，改进征信模型，综合运用大数据、人工智能等技术，发挥数据生产要素更大的价值。多维度的数据交互，可进一步促进风控能力的提升、效率的提高或业务的拓展。同时，激励机制将促进同业企业从竞争转变为合作关系，形成良性发展的生态，推动普惠金融可持续发展。

最后，也应当清醒认识到，数字征信体系的发展完善是一个庞大的工程，整个行业仍需要在多方面进行不断努力，需要相关部门制定出台相关法律法规，规范数据记录、整合、应用和管理等行为。建立征信标准、数据协议标准等，解决标准化和系统化问题，降低机构接入成本。

第三节　去中心化金融

去中心化金融（Decentralized Finance，DeFi）最初是指区块链上用智能合约构建的去中心化的金融协议，这些金融协议包括借贷、交易、保险等方向。2018 年 8 月，Dharma 项目创始人 Brendan Forster 在 *Medium* 上发表了一篇名为 *Announcing DeFi, A Community for Decentralized Finance Platforms* 的文章，其中提到了 DeFi 的概念，正式宣告了 DeFi 的诞生。自从早期以太坊上的 DAO 项目以来，延续到最近比较突出的 UniSwap、Compound、Curve 等 DeFi 项目，进行了很多试验。Brendan Forster 指出真正的 DeFi 需要满足四个条件：一是建立在区块链上；二是属于金融领域；三是代码开源；四是有稳定的开发人员。

随着 DeFi 的兴起，人们对 DeFi 的界定也进一步明确，即基于区块链网络的数字资产、智能合约、协议以及分布式应用（DApp）等金融产品都可以称为 DeFi。和传统金融领域一样，DeFi 的参与者包括资金供给者和需求者以及金融机构。在 DeFi 中，这些参与者均体现为区块链内的地址和智能合约，而智能合约也有地址。因此，DeFi 可以简单理解为具备数字身份的金融市场参与者，利用智能合约这种特殊的金融协议，在区块链这种新型金融市场基础设施的支撑下进行纯线上、数字化的金融活动。

一、发展现状

发源于开发者社区的 DeFi，较传统的中心化金融服务在交易安全性、产品透明度和用户隐私保护等方面有很大的提高，这是由 DeFi 自身的特性决定的。首先，DeFi 基于区块链技术，没有中心化的硬件或管理机构，用户控制资产私钥，不存在平台跑路造成损失的现象，为投资者提供了安全的交易平台；其次，DeFi 代码开源，每一笔交易记录均可在链上查看，且难以篡改，项目方无法伪造，保证了数据的透明性；最后，DeFi 平台上控制钱包的私钥由用户自己保管，根据非对称加密的特征，用户可以选择匿名来保护个人隐私，解决了中心化金融服务的隐私泄露问题。

在自身优势的推动下，已经有多个领域实现了 DeFi 平台的生态布局，包括资产通证化、借贷、保险、衍生品、稳定币、去中心化交易所、基础设施/开发工具、KYC、数据分析、预测市场、资产管理工具、支付等项目。以下是以太坊生态的 DeFi 应用。

图 7-5　以太坊生态的 DeFi 应用

2020 年以来 DeFi 项目所涉资产的金额大幅攀升，智能合约中锁定金额已经超过 100 亿美元，参与者的地址数也超过了 15 万个。

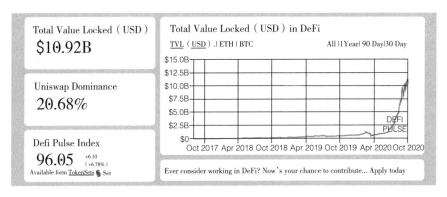

图 7-6　DeFi 现状

资料来源：https：//defipulse.com/.

尽管 DeFi 存在诸多细分领域，但主要集中在以去中心化交易所和数字资产借贷银行为主的两大热点，而这两个方向也是新型金融基础设施的重要组成部分。

二、去中心化交易所

据统计，截至 2020 年 10 月，可进行交易的数字资产总数达到 7200 种，总市值达 3300 亿美元，日均交易量超过 900 亿美元，全球的数字资产交易平台达到 30000 家。投资者对数字资产的交易需求达到了新的高度，然而传统数字货币交易所存在的安全性、中心化以及隐私保护问题也逐渐暴露出来。为此，以 UniSwap 为代表的采用自动做市商机制的去中心化交易所（DEX）开始涌现起来。

（一）UniSwap

传统的交易所一般是提供一个订单簿，通过撮合引擎匹配买卖双方达成交易。它是一个自由买卖的市场，具有买卖意愿的人们自行挂出"买单"和"卖单"，通过交易所"中介"实现双方订单的成交。传统交易所有以下特点：市场上必须要有用户进行挂单，要有一定量的订单（市场深度）。订单必须重叠才能成交，即买价高于或等于卖价。需要将资产存储在交易所。

而 UniSwap 实现了一种不需要考虑以上特点的、具备自动做市商（Auto Market Maker，AMM）性质的去中心化交易所。它采用了智能合约来预先定义了某个具体交易对的价格曲线，不需要用户进行挂单（没有订单），不需要存在需求重叠，可以随买随卖，向智能合约交易对中存入一种资产，自然就可以获得对应的另外一种资产。得益于区块链的特性，它也不需要用户将资产存入特定的账户。

UniSwap 的运行机制的关键在于建立了供给池，这个供给池中存储了某个具体交易对，比如 A 和 B 两种货币资产，初始阶段，A 和 B 两种资产是等值存放在智能合约中的，用户在用 A 兑换 B 的过程中，用户的 A 会发送到供给池，使供给池中的 A 增多，同时，供给池的 B 会发送给用户。这里的关键的问题在于如何给 A 和 B 的兑换提供一个汇率（定价）。

UniSwap 定价模型非常简洁，它的核心思想是一个简单的公式 $x \times y = k$。其中，x 和 y 分别代表两种资产的数量，k 是两种资产数量的乘积，假设乘积 k 是一个固定不变的常量，可以确定当变量 x 的值越大，那么 y 的值就越小；相反 x 的值越小 y 的值就越大。据此可以得出当 x 被增大 p 时，需要将 y 减少 q 才能保持等式的恒定。

在 k 恒定的情况下，推导 q 的计算公式如下

$x \times y = k$

$(x + p) \times (y - q) = k$

$q = y - k / (x + p)$

其中，p 是 x 的增量，q 是 y 的减量。

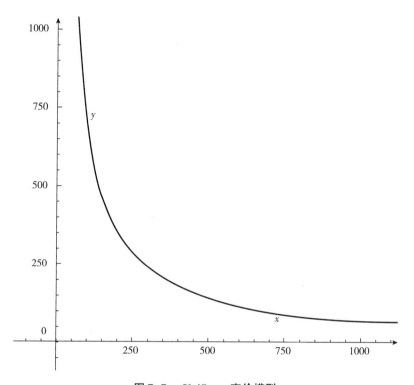

图 7-7　UniSwap 定价模型

以一个 USD/CNY 交易对举例，假设 x 是 USD 的储备量，数量为100；y 是 CNY 的储备量，数量为 700，储备金的乘积就是 70000，这些信息都被写入该交易对的智能合约中。合约状态变迁如下：用户向合约发送 1 USD，合约中的 USD 储备量就会增加，为了保证乘积70000 不变，根据保证 k 恒定的公式计算出合约中应当减少的 CNY 的数量 q：

$$q = y - k / (x+p)$$
$$q = 700 - 70000 / (100+1)$$
$$q = 6.93$$

CNY 的减少数量 6.93 为用户使用 1USD 兑换应得的 CNY。当用户需再次使用 1USD 购买 CNY 时，根据合约状态 2，此时 USD 储备为

101，CNY 储备为 693.07，可以计算出新的 CNY 的减量 q 为：

$$q = 693.07 - 70000 / (101+1)$$

$$q = 6.80$$

第二次兑换后，用户收到的 CNY 数量为 6.80，比第一次兑换所得 6.93 少。观察公式 $x \times y = 70000$ 曲线可以看出，随着 x 的增加，y 的变化率越来越小（曲线沿 $0x$ 轴向右趋于平滑）。

所以在使用 USD 购买 CNY 的过程中，由于 USD 储备量的增加，会使 CNY 变化率缩小，即 CNY 的价格会逐渐升高，相反，用 CNY 购买 USD，就会使 USD 的价格逐渐升高。可以发现购买的过程符合经济学上的供需关系，即购买量越多，需求越旺盛，价格越高。如果在 UniSwap 系统中 CNY 的价格高于市面价格，那么就会有人在系统中出售 CNY 购买 USD，使 CNY 价格降低，反之亦然。通过这种反馈调节，智能合约产生的兑换汇率总是趋近于市场真实汇率。

实际的 UniSwap 与上述介绍还有所区别。交易费率、费率对"常数"的影响、任意 token 之间的兑换都不在上述讨论范围。然而非常明确的是，通过智能合约和数学公式可以实现不需要挂单、不需要"市场深度"、随买随卖的交易兑换系统。

（二）去中心化交易所的优势

一是成本方面。传统系统需要处理多方会计账、风险控制、储备商接入、系统的安全等，构建成本高。区块链的智能合约非常适合使用公式化手段建立系统，核心功能只需要百十行代码即可实现，构建系统的其他难点实际上被区块链底层解决。

二是地域性。传统系统的使用受到国家、地域限制，所支持的兑换货币能力也限制于地方政策法规。区块链构建的系统无边界，只需接入互联网即可使用，智能合约代码可以由任何人、任何机构编写，经安全审计后可以运行在整个区块网络上供人使用。

（三）去中心化交易所的不足

UniSwap 模型的优点在于根据公式自动定价，通过供需关系实现自动调价。然而这也可能是模型的不足之处。自动反馈调节是把双刃剑，兑换的汇率需要根据合约中储备金的比例进行计算，意味着最终的成交价格与兑换的数量相关。当兑换的数量越大，兑换的汇率就会变得越差。这样所谓的即买即卖也可能变成"买不起"和"卖不起"。但这是市场供需关系的自然反馈，并不能算是缺陷。另外一种极端情况是，假设一种资产价格持续降低，智能合约中这种下跌资产的储备量就会持续增加。考虑智能合约的储备系统中只有一种较好资产和一种处于泡沫中的较差资产，那么通过一段时间兑换后，整个储备系统的较好货币被兑出，剩下大量的泡沫货币，这对提供流动性的做市商是不利的。

三、去中心化数字资产借贷银行

在传统中心化金融场景中，当个人或企业向银行申请贷款时，银行会评估它们的还款意愿和能力；当企业发债融资时，投资者会评估其信用等级；当企业募集股权资金时，投资者会评估其盈利前景。然而，区块链上是一个去中心化环境，地址本质上是匿名的，链上地址与真实身份之间没有必然联系，一般情况下很难穿透到地址背后的控制者，链上地址无法作为信用主体。因此，传统金融行业所依赖的中心化尽调工作在 DeFi 中都不可实现，DeFi 在发展过程中演化出全新的数字身份验证、产品签约发行、数字资产交易、信用风险管理、市场风险管理等去中心化市场规则，也可以说是新型金融市场基础设施的发展方向。以 Compound 为代表的去中心化数字资产借贷银行发展得极为迅猛。

Compound 是一个以太坊上的货币市场，也可以说是区块链上的银行，是一个任何用户和机构都可以使用的链上账本。它提供了存币和借币的功能，就像一个银行，用户可以存币获得利息收益，或进行抵押借币。在实现原理上，Compound 的账本模型也与银行类似，并遵循了国际会计准则。需要指出的是，目前区块链上没有负债和信用的概念，需要超额抵押资产才能完成借贷行为。如想要借出价值 100 美元的资产 B，则需要抵押价值 150 美元的资产 A。

Compound 是一个使用智能合约实现的实时结算账本。账本能实时结算的前提是交易逐笔发生，有确定的执行顺序，交易发生时间真实可靠等，区块链满足这些特性，为账本自动结算提供基础。在 Compound 上，当一个交易发生时账本会对账目进行一次结算，此时结算利息会更新到账目余额中。等到下次交易事件发生时，会再次触发这样的结算处理并更新余额。

Compound 的利率模型就是通过借款产生营收，营收作为存款用户的利息。简化 Compound 的利率模型，不设定浮动的借款利率，不考虑盈利，只保证账目借贷平衡，有：借款营收=存款利息。

借款总额为零（没有人进行借款），此时没有营收产生，存款利率为零。

借款总额增大，产生营收增多，存款利率也会提高。

借款总额不变（营收不变），存款总额增大，存款利率降低。

定义交易事件为存款、提现、借款、还款。如果没有任何交易事件发生，存款总额、借款总额就不会发生变化，利率在这个段时间里也会一直保持不变。随着交易事件的产生，存款/借款总额会发生变化，这会引起利率发生改变。

单一账本的变化已经具有一定的复杂性，在实际生产中，存款和借款总额并不是由一个单一账户产生的，而是由无数的小账目汇聚而成的。如 Alice 存入 50，Bob 存入了 30，存款总额是 80。这里就产生了更多问题，由于 Alice 和 Bob 的存款时间不同，他们的利率也不一样。借款也与之类似。因此每一笔账都要单独进行结算，它们的利率根据总账额度的变化而变化。

把状态 a 的存款总额 100 归为其他存款。在 2 天后，Alice 存入 50，结算后其他存款更新为 105。Alice 的存款增加了存款总额，使总额增长到 155，最终存款利率计算为 0.01774。

1 天后，Bob 也存入 50，此时 Alice 存款和其他存款以 0.01774 利率进行结算。结算结果如图 7-8 中状态 c 所示。

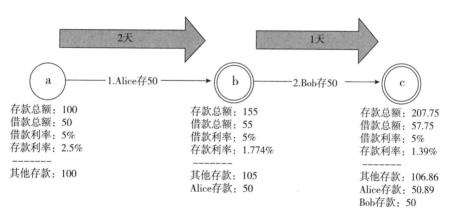

图 7-8　Compound 利率结算

通过上述分析，可以发现每次事件产生，需要对每一笔明细账进行结算。这样随着存款/借款的用户增多，账目会越来越多，每次结算的计算量也会越来越大。不过细心观察可以发现，只要记录了历史利率，事件发生不需要对所有账户结算。直接根据各明细账的初始状态计算图 7-8 中的状态 c。

其他存款 = 100+100×0.025×2+（100+100×0.025×2）×0.01774×1

Alice 存款 = 50+50×0.01774×1

Bob 存款 = 50

其中 100 是其他存款的初始额度，50 是 Alice 存款的初始额度。0.025 是第一期利率，0.01774 是第二期利率。可以看出，只要有历史利率就可以通过迭代运算计算出每个明细账户的当前余额。所以在进行结算操作时只需要对事件操作的明细账进行结算，其他账户可以暂时不用结算，直到它们被操作时再计算即可。

前面讨论了 Compound 的账本原理，但没有对 Compound 的抵押、价格预言机和"坏账"清算进行详细讨论。不过有了账本模型，其他部分也很容易理解。所谓 A 资产的抵押，实际上是将 A 资产存入智能合约，此时就可以借出 B、C、D…的资产（A 是超额抵押，借出价值必须低于 A 的价值）。价格预言机会时时更新 A、B、C、D…资产的价格，在抵押资产价值降低，达到一个风险阈值时（仍然没有低于借出资产的价值），将 A "拍卖"，此时拍卖价格比市场价格更加优惠，自动偿还了借出资产。以上模型可以完全移植到区块链中，当客户对智能合约发起一笔交易事件就会触发结算处理并更新利率，这些过程完全自动化。

Compound 的本质是将一套传统的会计模型复制到区块链中，使会计账本能进行实时结算。得益于此，存款/借款所需要签署的法律文件和手续，都被隐式的囊括在智能合约中。人们无须再进行任何协商，只需要轻点几下就可以使用该项服务。同时，它被部署在去中化的网络上，成为没有地域性、自由开放的合约协议。只要遵循了合约的规则，任何人、任何机构都能无区别地使用这项低摩擦的金融服务。

四、去中心化金融的风险

DeFi 参与者之间通过智能合约联系在一起，这些智能合约体现为在一定触发条件下 Token 在地址之间的转移。因此，DeFi 活动最终体现为 Token 转移。Token 转移既有资金流通的含义，更有风险转移的含义。

（一）用户与智能合约的关系

首先，智能合约影响 DeFi 用户的经济收入，以 Compound 项目为例，用户提供流动性的收入和抵押资产借入资金的利率是由全局资金状况决定的，而且是在智能合约中预先定义好的。其次，部分智能合约的触发条件取决于区块链外信息，比如因缺乏价格发现机制，UniSwap 交易对中资产之间的汇率需要根据市场情况调整，需要定期由预言机将市场信息写入智能合约。再次，智能合约本身不受用户甚至是项目方的控制，智能合约的处理是由矿工或验证节点竞争记账，使得智能合约被自动处理且无法屏蔽。最后，智能合约需经过安全审计方可上线，用户也应尽可能选择经过审计的智能合约，因为 DeFi 活动发生在区块链上，会受制于区块链的物理性能和智能合约的安全性，安全审计有助于预防闪电贷套利事件的重复发生，保障用户资产安全。

（二）DeFi 项目的风险

一是市场风险，因为去数字资产的高波动性的特性，DeFi 参与者因资产价格的不利变化而发生损失的风险。

二是信用风险，尽管 DeFi 项目中的借贷都依赖于超额抵押，但是资产价格的波动性非常大，存在债权方因超额抵押资产短期内贬值过大，无法履行还款义务的可能性。

三是技术风险，主要来源于未经安全审计的智能合约漏洞和编写错误，以及用户自身原因导致的资产损失无法被挽回，如丢失私钥等。

第八章　基于区块链的新型 FMI 监管

技术是中性的。与传统的金融市场基础设施相比，基于区块链的新型金融市场基础设施（DLT-FMI）仅是技术架构和运行机理的变化，但在合法合规方面没有差异。在 DLT-FMI 上交易、登记、清算、结算的数字证券必须是符合《证券法》及相关法律法规的证券。这是首要前提。

除了合规，DLT-FMI 还要满足安全与高效的公共政策目标。支付结算体系委员会（CPSS）和国际证监会组织（IOSCO）提出的大部分《金融市场基础设施原则》（PFMI）依然适用于 DLT-FMI，但需要根据 DLT-FMI 的技术特性和业务特点，对具体原则做相应的调整。

DLT-FMI 还应加强法律基础、链下治理、系统安全等方面的建设。

第一节　ICO 与 STO

早期的 ICO 被解读为初始数字货币发行（Initial Coin Offering），考虑到私人发行数字货币的敏感性，"Coin"本身是否是货币也有争议，该词一度被替换成了"Token"（代币），并加上了"Crypto"（加密）的修饰。因此，将 ICO 解读为 Initial Crypto-Token Offering 更为准确，即通过发行加密代币的方式进行融资。广义上，除了"矿前"的发行（项目最初始时的创世块发行），ICO 也涵盖了工作量证明机制（POW）、权益证明机制（POS）或其他共识机制下为奖励矿工"挖矿"、验证者参与共识协议，以保障区块链网络安全而进行的代币发行。

根据荷威标准（Howey Test），即"个体将其资产投入普通企业，并期望仅通过发起者或第三方的努力获取利润收益的合同、交易或计划"可被划分为证券，可将 ICO 代币定性为证券。在实践中，各国对 ICO 性质的界定，也倾向于按实质重于形式的监管原则，判定 ICO 是一种证券行为。2017 年 7 月 25 日，美国证券交易委员会（SEC）发布调查报告表示，将 ICO 代币定性为证券，强调所有符合联邦证券法关于"证券"定义的 ICO 项目以及相关交易平台所提供的数字资产都将纳入 SEC 的监管范畴。2017 年 8 月 1 日，新加坡金融管理局（MAS）发布澄清公告，在新加坡发行数字代币（Digital Tokens），如果属于该国证券法的证券定义，则必须向 MAS 提交招股说明书并注册。发行人或投资顾问也需符合相关法律及反洗钱和反恐相关规定。2018 年 11 月 16 日，美国证券交易委员会（SEC）在官网发布《数字资产证券发行和交易申明》，对数字资产证券的发行和发售、数字资产证券交易尤其是交易所注册与经纪人—交易商注册问题展开了详细的阐述，确认数字资产属于证券范畴，因此交易所必须在 SEC 注册或获取牌照，同时也公布了已经注册的合法证券交易平台供投资者参考。2019 年 4 月 3 日，SEC 下属的金融科技中心（FinHub）发布《加密数字货币指引》，明确美国联邦证券法规定的"证券"中"投资合同"的范围，为判断发售、发行加密数字货币或代币是否在"投资合同"的范围内提供了参考依据。

但 ICO 与 IPO、股权众筹传统的权益类证券发行活动不完全一样，有其独特的运行特征，同时它又以"代币""货币"为名，有时还被利用成为诈骗工具，因此一直以来，关于 ICO 的属性，大家争议不断。有些国家索性禁止 ICO 活动。

面对 ICO 的合法合规问题，市场提出了新的概念：STO（Security

Token Offer）是在合法合规的监管框架下开展的证券代币化发行。其中所谓的证券是符合证券法规定、已经监管部门核准或注册、允许发行的证券。STO 其实是合规证券的代币化，也就是在区块链上发行与登记经监管部门允许的证券。这一证券可以是已在链下传统证券登记结算机构的中心化账本上登记的证券，也可以是未在链下登记、在链上首次发行登记的证券。

ICO 源于区块链技术的激励设计，在市场发展早期有力推动了区块链系统各层技术创新与发展。不可否认其积极意义，但它也带来了监管挑战，尤其是在监管不确定下容易滋生乱象。STO 则强调以合法合规为前提，避免与监管合规产生冲突，更符合技术中性理念。

第二节　PFMI 评估

支付结算体系委员会（CPSS）和国际证监会组织（IOSCO）认为，仅靠市场的力量不一定能完全使金融市场基础设施达到安全、高效的公共政策目标，因此有必要出台原则指导金融市场基础设施管理风险、提高效率。2012 年，CPSS 和 IOSCO 联合发布了《金融市场基础设施原则》（PFMI），要求各国（地区）金融监管部门将 PFMI 纳入监管框架，并指导本辖区金融市场基础设施尽快付诸实施。

为保证自身安全和促进更广范围的金融稳定，FMI 应在 PFMI 的指导下识别、监测、化解和管理风险，这些风险包括但不限于法律风险、信用风险、流动性风险、一般业务风险、托管风险、投资风险以及运行风险。同时，FMI 不仅应当安全，还应当高效。运行效率低下或履职无效的 FMI 会提高金融交易成本，扭曲金融活动和市场结构。PFMI共 24 条原则，大多数原则广泛适用于 PS、CSD、SSS、CCP、TR 等各类 FMI，但少数原则只与特定类型的 FMI 相关。例如，TR 不面临信用风险或流动性风险，因此关于信用风险和流动性风险的原则对其不适用。原则 24 "交易报告库市场数据的披露"只适用于 TR。

区块链技术的应用改变了金融市场基础设施的技术架构，但没有改变金融市场基础设施的公共政策目标：安全与高效，因此 PFMI 的基本原理依然适用于 DLT-FMI。国际证监会组织（IOSCO）发布的《全球稳定币计划》认为，稳定币作为执行支付功能或其他具有系统性功能的金融市场基础设施（FMI），应适用《金融市场基础设施原则》（PFMI）。但在具体适用原则上，需要根据 DLT-FMI 的技术特性和业务特点，做相应的调整。

一、法律与治理原则

DLT-FMI 具有社区自治特点，但一方面需要完备的法律基础和治理安排，更多地需要强调的是多方协作。传统的 PS、CSD、SSS、CCP、TR 是中心化机构，通常是公司制。PFMI 要求这些机构有坚实的法律基础，建立清晰透明的公司治理机制，董事会、管理层角色明确、权责清晰。虽然 DLT-FMI 的业务核心和重点不在中心化机构，依靠的是建立在计算机算法之上的"多方协作的组织力量"，拥有完善、清晰和透明的法律基础依然是 DLT-FMI 的核心要素，同时链上治理并不能解决区块链所有问题，还需要链下治理安排，因此 PFMI 原则 1 "法律基础"和原则 2 "治理"依然适用 DLT-FMI。

二、风险管理原则

作为支付、登记、结算、清算、交易报告的业务主体和中间方，传统金融市场基础设施承担了许多风险。PFMI 要求金融市场基础设施要建立稳健的风险管理框架，采取具体措施，全面管理业务过程中的法律风险、信用风险、流动性风险、运行风险和其他风险，具体包括原则 3、4、5、6、13、14、15、16。在 DLT-FMI 的框架下，风险管理职能由 CCP 担保交收智能合约以及 CCP 风险管理智能合约承担，进行自动的风险管理。原则 3 "风险管理框架"、原则 4 "信用风险"、原则 5 "抵押品"、原则 6 "保证金"、原则 7 "流动性风险"、原则 13 "参与人违约规则与程序"、原则 15 "一般业务风险" 可指导开发有效完备的 CCP 担保交收智能合约和风险管理智能合约。

原则 14 "分离与转移" 要求 CCP 应具有规则和程序，确保参与者客户的头寸和与之相关的、提供给 CCP 的抵押品可分离与转移。原则 16 "托管风险与投资风险" 要求 FMI 应该保护自有资产和参与者资产的安全，将这些资产的损失风险和延迟获取风险降至最低，并要求 FMI 的投资应限于信用风险、市场风险和流动性风险最低的工具。这 2 个原则是针对机构主体而言，在 DLT-FMI 框架下，不依赖特定主体，关键运行和服务关闭的可能性较低，同时 DLT-FMI 不存在自有资产，作为抵押品、保证金的参与者资产亦托管在智能合约，而非特定主体，且客户的抵押品、保证金可由不同的智能合约进行保管，因此原则 14 和原则 16 不适用 DLT-FMI。

三、结算原则

结算最终性（Finality）至关重要。原则 8 "结算最终性" 要求 FMI 应该至迟于生效日日终提供清晰和确定的最终结算。它具有两个层面涵义：一是操作意义上的结算最终性，即账本上的登记信息发生了确切的更新，且不再变化；二是法律意义上的结算最终性，即登记账本要具有法律效力，相应的变更登记才具有最终性。DLT-FMI 要满足 "结算最终性" 原则，一方面要在法律上得到正式认可，另一方面要在技术上保障账本更新的确定性。由于 POW 机制本身具有概率性，有可能某一笔交易无法完全结算，即使这概率很小，对此可以考虑采用公证人机制消除这种不确定性。

对于资金结算，原则 9 "货币结算" 要求 FMI 在切实可行的情况下应使用中央银行货币进行货币结算。如果不使用中央银行货币，FMI 应最小化并严格控制因使用商业银行货币所产生的信用风险和流动性风险。DLT-FMI 可通过传统的 RTGS 系统进行货币结算，亦可采用新型的 DLT-PS 开展链上货币结算。若链上货币为央行数字货币，DLT-FMI 满足原则 9；若链上货币为非央行货币的稳定币或其他数字货币，DLT-FMI 则需要建立严格的机制最小化货币支付风险。

DLT-FMI 主要针对数字资产，但如果 DLT-FMI 处理的是商品期货，那么应根据原则 10 "实物交割" 明确规定其有关实物形式的工具或商品的交割义务，并识别和管理相应风险。

原则 11 "中央证券存管" 要求 CSD 具有适当的规则和程序，确定证券发行的完整性，最小化并管理与证券保管、转让相关的风险，并应以固定化形式或无纸化形式维护证券，采用簿记方式转账。DLT-PS 在天然上满足原则 11 的证券无纸化要求，并可以采用技术手段保障证券的完整性：只有经过证券发行人、证券监管部门和公证人中的两方签名之后，证券发行人才能发起初始登记和退出登记。

最终性是价值交换的核心。原则 12 "价值交换结算系统" 要求如果 FMI 结算的交易涉及两项相互关联的债务结算（如证券交易或外汇交易），它应将一项债务的最终结算作为另一项债务最终结算的条件来消除本金风险。DLT-FMI 可以采用单链或跨链 HTLC-DVP 方案来实现价值交换的原子性。

四、参与与连接原则

一是市场准入。原则 18 "准入参与要求" 要求 FMI 应该具有客观的、基于风险的、公开披露的参与标准，支持公平和公开的准入。如果 DLT-FMI 为公有链，由于区块链的公开透明特性，DLT-FMI 在天然上满足原则 18。但如果 DLT-FMI 为许可链，那么 DLT-FMI 应根据原则 18 建立公开、透明、公平的准入规则。

二是分级结算。分级结算一方面源于名义持有制度，即名义持有人替实际受益人持有证券，代为开展证券交易结算等业务，另一方面与代理结算有关，客户委托结算参与人代理开展证券结算业务。原则 19 "分级参与安排"要求 FMI 应该识别、监测和管理由分级参与安排产生的实质性风险。在 DLT-FMI 的框架下，客户可完全"去中介化"，直接持有证券并直接参与证券结算活动。但另一方面，DLT-FMI 与名义持有制度、代理结算制度并不冲突。本书第六章提出基于间接持有模式的 CBDC 方案。与之相似，客户也可以通过二级托管的形式，分级参与证券结算。若此，原则 19 适用于 DLT-FMI。

三是 FMI 之间的连接与通信标准。原则 20 "金融市场基础设施的连接"要求与一个或多个 FMI 建立连接的 FMI 应该识别、监测和管理与连接相关的风险。DLT-FMI 可以是集 PS、CSD、SSS、CCP、TR 为一体的金融市场基础设施，也可以是不同功能的金融市场基础设施，并与传统的 FMI 进行交互，因此不同 FMI 之间的连接亦是 DLT-FMI 应考虑的重点，并管理相应的连接风险。比如，跨链 DVP 可能会因为某个交易对手方没有完成必要的流程步骤，从而引发结算风险，建议引入公证人机制，以解决可能争议。此外，系统之间交互需要统一的通信标准，原则 22 "通信程序与标准"适用于 DLT-FMI。DLT-FMI 应使用或至少兼容国际通行的相关通信程序与标准，以进行高效的支付、清算、结算和记录。国际标准化组织（ISO）于 2017 年成立"区块链与分布式账本技术委员会"（TC307），致力从参考架构、分类与本体研究、应用案例、安全与隐私、身份智能合约五个方面推进区块链与分布式账本技术的国际标准制定工作。

四是效率与效力。原则 21 "效率与效力" 要求 FMI 应在满足参与者及所服务市场的要求方面具有效率和效力。与传统 FMI 的专网相比，DLT-FMI 网络具有更好的开放性和泛在性，服务重点或在数字钱包。数字钱包是用户开展业务的直接界面，友好性和安全性是基本要求。考虑到智能合约的专业性，DLT-FMI 应尽量降低用户参与智能合约相关活动的技术门槛。

五、数据披露原则

原则 23 "规则、关键程序和市场数据的披露" 和原则 24 "交易数据库市场数据的披露" 对 FMI 提出了透明度要求，要求 FMI 提供充分的信息，使参与者准确了解参与 FMI 应当承担的风险、费用和其他实质性成本，TR 还要根据有关管理部门和公众各自的需要向其提供及时、准确的数据。由于 DLT 账本不易伪造，难以篡改，且可追溯，容易审计，所以 DLT-FMI 是透明的，同时还可将 TR 的信息披露规则编码为智能合约，向监管部门、市场参与者、社会公众自动披露信息，因此 DLT-FMI 满足原则 23 和原则 24。

表 8-1　24 项 PFMI 原则对基于区块链的金融市场基础设施的适用性

原则	DLT-PS	DLT-CSD	DLT-SSS	DLT-CCP	DLT-TR
1. 法律基础	√	√	√	√	√
2. 治理	√	√	√	√	√
3. 全面风险管理框架	√	√	√	√	
4. 信用风险	√		√	√	
5. 抵押品	√		√	√	
6. 保证金				√	
7. 流动性风险	√		√	√	
8. 结算最终性	√		√	√	
9. 货币结算	√		√	√	

原则	DLT-PS	DLT-CSD	DLT-SSS	DLT-CCP	DLT-TR
10. 实物交割			√		
11. 中央证券存管		√			
12. 价值交换结算系统	√		√	√	
13. 参与者违约规则与程序	√	√	√	√	
14. 分离与转移					
15. 一般业务风险	√	√	√	√	√
16. 托管风险与投资风险					
17. 运行风险	√	√	√	√	√
18. 准入参与要求	√	√	√	√	
19. 分级参与安排	√	√	√	√	
20. 金融市场基础设施的连接		√	√	√	
21. 效率与效力	√	√	√	√	
22. 通信程序与标准	√	√	√	√	
23. 规则、关键程序和市场数据的披露	√	√	√	√	√
24. 交易报告库市场数据的披露					√

第三节　法律基础与链下治理

一、法律基础

DLT-FMI 是新兴事物，在法律上的地位还比较模糊。若缺乏坚实的法律基础，DLT-FMI 将无法得到真正的发展与应用。在各类 DLT-FMI 中，DLT-PS 受到的关注最多，有些国家甚至已支持私人数字货币的支付功能。如 2017 年 4 月，日本承认私人数字货币是合法支付工具，和其他货币具有相同的法律地位。2017 年 11 月，新加坡央行提议对支付服务进行立法，监管范围涵盖了虚拟货币，对基于虚拟货币的支付行为实施许可证政策。2018 年 9 月，美国纽约州金融服务局（NYDFS）批准了两种受政府监管并锚定美元的数字稳定代币：Gemini Dollar（GUSD）和 Paxos Standard Token（PAX）。2020 年 7 月，美国联邦法院承认比特币等虚拟货币是"货币"（Money）。在国际组织层面，2019 年 10 月，七国集团（G7）工作组发布《全球稳定币影响调查报告》。2020 年 3 月，国际证监会组织（IOSCO）发布《全球稳定币计划》，探讨 PFMI 如何应用于稳定币监管，并对稳定币可能带来的对证券监管机构的影响进行评估。2020 年 4 月，金融稳定理事会（FSB）与金融行动特别工作组（FATF）、支付及市场基础设施委员会（CPMI）、IOSCO 等国际监管机构联合发布监管咨询报告，对全球稳定币提出 10 项高级别监管建议。

相比较而言，与证券交易、登记、清算、结算等相关的 DLT-FMI 受到的关注较少，监管与立法进展甚微。美国率先对去中心化的 DLT-FMI 监管进行了探索。2018 年 3 月 7 日，美国 SEC 发布公开声明，规定了挂牌资产和运营方式满足联邦证券法规中关于"证券"和"交易所"定义的平台，必须向 SEC 注册成为"全国性证券交易所"或者申请豁免注册。被豁免的加密资产平台需注册成为交易经纪商，并成为 FINRA 的成员，有些还需要注册成为另类交易网络（ATS），遵守 Reg ATS 的规定。2018 年 11 月，SEC 以"未经注册非法经营证券交易"为由，对去中心化加密资产交易所 EtherDelta 的创始人 Zachary Coburn 进行了处罚。

总体来看，目前 DLT-FMI 的法律效力不足，至少需要在以下几个方面夯实 DLT-FMI 的法律基础：一是承认数字签名以及经链上共识验证存储的数据的法律效力；二是承认去中心化交易的合法性；三是承认区块链账本的登记确权具有法律效力；四是承认智能合约的法律合同效力。

二、链下治理

虽然区块链技术的去中心化、可追溯性、不可篡改性、透明性以及智能合约实现的协议自动执行，自发形成了特有的民主化网络治理机制，但依然需要链下治理的支持。如项目发起、技术研发、系统建设与运营需要链下责任主体予以承担，即使责任主体可能不一定是专门机构，而是社区自治的技术团队，但也需要有效的治理安排，保障工作效率和服务质量。健全的链下治理机制也是满足监管和监督要求的应有之义。

（一）数据治理

区块链上的数据应该是具备较高价值、可公开、不宜修改的数据。这是它的特性，更是它的优势和品质所在。若无谓地把无价值且可随意更改的数据上链，实际上是对区块链技术的滥用，也无法构建起符合实际业务需求的应用。为此，需要建立有效的区块链数据治理体系，保障区块链应用的质量和品质。包括加强链下数据治理的评估与监督，防止短板效应；明确主数据规则，建立统一的链上元数据标准；建立适当的干预机制，以满足法律上的数据主体权利保护要求和其他合规要求等。

（二）智能合约治理

安全性是智能合约的重要考虑。在安全高效的用户身份认证及权限管理的基础之上，应要求智能合约在上链之前必须经过相关部门的验证，判断程序是否能按照监管部门的政策预期运行，必要时监管部门可阻止不合规的智能合约上链或者关闭本国居民执行该智能合约的权限，同时还可建立允许代码暂停或终止执行的监管干预机制。此外，智能合约的参数设置也是一种监管手段，就像利用法定准备金率、资本充足率等监管指标来防控银行风险一样，监管部门亦可通过调整或干预智能合约参数，来管控自金融业务规模和风险。目前并还没有关于智能合约的统一标准。可结合现有金融业标准以及相关法律法规，开发智能合约标准：包括智能合约的通用定义、模板、编写框架、内置功能、安全设计、执行环境以及执行合约的各方权利和义务。

（三）声誉机制

声誉机制是一种具有隐性约束力的非正式契约，是重复博弈的结果。如果仅是单次博弈，即单次交易后当事人就永远退出市场，那么声誉机制发挥不了任何约束作用。但若是多次博弈，即当事人不断参与契约交易时，就会关心短期行为的长期后果，不被眼前利益所诱惑，会综合考虑眼前利益和长期利益的平衡，守住诚信责任，从而在一定程度上缓解一些问题。如为了避免频繁使用公证人机制，可扣除失责一方的诚信分，以保证 HTLC-DVP 的成功运行。

第四节　系统安全

一、可能的单点风险

DLT 方案具备加强系统弹性和可靠性的潜力。其可以较好应对验证节点故障和数据格式错误的问题。发生节点故障时，只要共识算法所必需的节点能够运行，则系统的可用性不会受到影响。无论宕机时间长短，验证节点都能够恢复。但需要注意的是，在存在公证人节点的情况下，如果该节点发生故障，则可能瓦解分布式验证的优势。

二、数字钱包安全

安全是数字钱包的根本。软件技术方面可采用无密钥的密码算法（标准算法的白盒化方案或设计新型的白盒密码算法）和代码混淆技术，实现敌手无法提取核心密码算法和密钥信息；或采用基于口令、身份、生物特征等认证因子的加密算法对密钥进行加密存储；硬件方面则可基于 TEE（可信执行环境）或者 SE（安全环境）安全模块、辅助以定制终端设备的技术方案，这是保障数字钱包安全的重要方向。

三、智能合约安全

智能合约的安全性至关重要。由于智能合约的开放性，其代码和内容均可通过公开方法获得，在很大程度上可以让黑客进行合约分析并针对弱点进行攻击；一旦攻击成功，将造成重大损失。所以，迫切需要完善的智能合约检测技术，在合约上链之前进行检测，定位并排除漏洞。当前已经出现了不少智能合约检测工具或在线检测站点，但这些检测仍基于经验总结，对于未知合约漏洞则无能为力。形式化验证方法是一个可能的解决思路，通过建立恰当的模型，精确判断程序是否能按照开发者的预期运行。但对于智能合约的形式化验证，难度较大，目前还没有找到合适解决方案，需要进一步深入研究。

附录　基本概念与技术基础

◆金融市场基础设施

根据金融市场基础设施原则（PFMI）的定义，金融市场基础设施（Financial Market Infrastructure，FMI）是指参与机构（包括系统运行机构）之间，用于清算、结算或记录支付、证券、衍生品或其他金融交易的多边系统，分为重要支付系统（PS）、中央证券存管（CSD）、证券结算系统（SSS）、中央对手方（CCP）和交易数据库（TR）五大类。CCP、CSD、SSS 和 PS 等金融市场基础设施提供的功能共同促成了交易后券与款的最终交付，是金融市场正常运行的基本保障。

金融市场基础设施	功能
重要支付系统（PS）	市场参与者之间资金转账的一套工具、程序和规则
中央证券存管（CSD）	通过一套电子化证券簿记系统为全市场个人、机构投资者设立证券账户、办理证券集中登记存管，为证券发行人提供股东或持有名册维护服务
证券结算系统（SSS）	证券交易完成后，通过证券和资金交收系统组织全市场结算参与人完成证券交割过户和资金划付
中央对手方（CCP）	作为中央对手方，为交易所场内集中交易提供多边净额担保交收
交易数据库（TR）	集中保存交易数据电子记录（数据库），提高市场透明度，支持监管

◆金融基础设施

与金融市场基础设施相似的概念是金融基础设施（Financial Infrastructure，FI）。金融基础设施是指金融运行的硬件设施和制度安排，包括支付体系、法律环境、公司治理、会计准则、信用环境、反洗钱以及由金融监管、中央银行最后贷款人职能、投资者保护制度组成的金融安全网等。根据 2020 年 3 月中国人民银行、国家发展改革委、财政部、银保监会、证监会、外汇局等六部门联合印发的《统筹监管金融基础设施工作方案》，纳入统筹监管范围的中国金融基础设施包括金融资产登记托管系统、清算结算系统（包括开展集中清算业务的中央对手方）、交易设施、交易报告库、重要支付系统、基础征信系统 6 类设施及其运营机构。

◆对称密码算法

对称密码算法是指加密和解密共用一个密码，也称单密钥算法。1970 年初，IBM 公司研究对称密码算法 DES（Data Encryption Standard），于 1976 年 11 月被美国政府采用，随后获得美国国家标准局和美国国家标准协会（American National Standard Institute，ANSI）的承认。

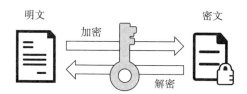

◆非对称密码算法

一个密钥用于加密，一个密钥用于解密。加密密钥公开，称为公钥。解密密钥不公开，唯独本人秘密持有，对别人保密，称为私钥。由于加密密钥和解密密钥是不一样的一对密钥，所以称为非对称加密。非对称密码算法很好地解决了对称密码算法无法在大规模信息加密传输中普及的问题，开启了现代密码学新时代，并带来非常独特的认证功能。

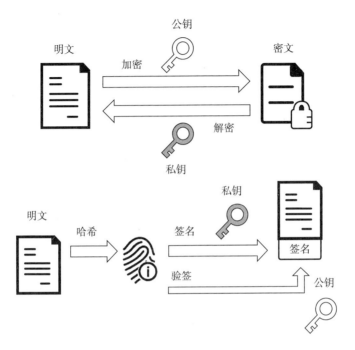

1976 年，迪菲和赫尔曼（Diffie and Hellman）发表题为《密码学的新方向》的论文，提出了一种完全不同于对称密码体系的新思路。

1978 年，美国麻省理工学院的三位学者李维斯特（Rivest）、萨莫尔（Shamir）和阿德曼（Adleman）发表《获得数字签名和公钥密码系统的方法》，构造了基于因子分解难度的签名机制和公钥加密机制，实现了非对称密码算法，这就是著名的 RSA 密码算法。

1985 年，厄格玛尔（T. ElGamal）基于有限域上的离散对数问题，提出了 ElGamal 公钥密码体制。ElGamal 公钥密码体制有较好的安全性，应用广泛，尤其在数字签名方面。

1985 年，科布利茨（Koblitz）和米勒（Miller）基于椭圆曲线上的离散对数问题，分别独立提出椭圆曲线密码体制（Elliptic Curve Cryptography，ECC）。椭圆曲线数字签名算法（ECDSA）是比特币系统的密码基石。

◆哈希算法

哈希算法也叫"安全散列函数",又称信息摘要。它可以把任意的信息集,用非常简单的信息予以描述。它是一个特别的数学函数:给定输入很容易得到输出,但是从输出计算回输入不可行。此外,它还有一个很有意思的特性,只要信息发生稍微变化,摘要就变得完全不一样。

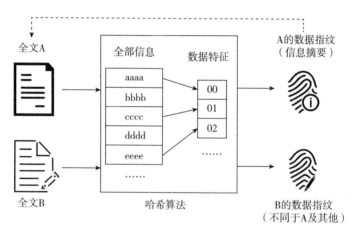

1993 年,由美国国家安全局(NSA)设计,美国国家标准与技术研究院(NIST)发布的安全哈希算法(Secure Hash Algorithm,SHA)于 1993 年 5 月 11 日被采纳为标准。经不断改进至今已发布多个安全 Hash 标准,包括 SHA-1、SHA-224、SHA-256、SHA-384 和 SHA-512。

哈希算法具有优秀特性,是一种快速收敛的算法,从输入到输出的计算非常快,迅速收敛数值,无需耗费巨大的计算资源。基于这样优秀的特性,哈希函数得到广泛的应用,大家习以为常的人民币冠字号码即是由哈希算法产生的。在数字货币领域,哈希算法更是得到广泛的应用。

◆哈希锁定技术（HTLC）

假定 A 和 B 做一笔券款对付，A 付给 B 券，B 付给 A 钱。A 预先通过哈希算法得到一个哈希值，并创建付款指令，锁定一笔资金，并规定如果 B 能提供哈希密语，则得到资金，否则退回。B 收到指令后，也创建相似的付券指令，锁定证券，并规定如果 A 能提供哈希密语，则得到证券，否则退回。显然，只有 A 向 B 提供哈希密语，才能获得证券，而 B 也必须从 A 拿到哈希密语，才能获得资金，两者互为条件，从而实现了券款对付。

上述技术方案采用了哈希算法，同时为避免款项锁定时间过长，资产锁定均需约定限制时间，超出时间后款项即解锁、返回原地址，这就是时间锁（Time lock）功能。因此，该方案被称为哈希时间锁定协议（Hashed-Time lock Agreements）。

◆数字货币

数字货币是指以数字形式存在的货币，在不同语境下，有着完全不同的内涵和外延。目前，狭义的数字货币主要指纯数字化、不需要物理载体的加密货币；而广义的数字货币等同于电子货币，泛指一切以电子形式存在的货币。在本书，专指狭义的数字货币。

◆双花

在甲方和乙方的交易中，如果没有任何其他人知道，甲方完全可以在和乙方交易之前偷偷备份相同的数字货币，然后假装和乙方的交易没有发生，与丙方进行交易。解决的方案是采用一个账本的形式来记录已经发生的交易，以此避免同一笔数字货币被多次花费。这个账本既可以是银行或者支付宝那样的中心化账本，也可以像比特币一样采用基于区块链技术的分布式账本。

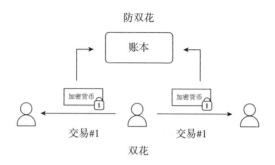

◆ E-Cash

1982 年，戴维·乔姆（David Chaum）在顶级密码学术会议–美密会议上发表论文《用于不可追踪的支付系统的盲签名》。这种名为 E-Cash 的电子货币系统基于传统的"银行–个人–商家"三方模式，具备匿名性、不可追踪性，是最早的数字货币理论，也是最早能够落地的试验系统。

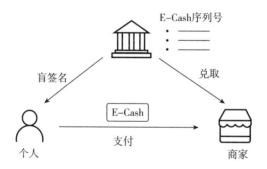

◆ 比特币

2008 年，一位名为中本聪（Satoshi Nakamoto）的神秘人发表经典论文《比特币：一种点对点的电子现金系统》，提出了一种全新的电子化支付思路——建立完全通过点对点技术实现的电子现金系统，将 Chaum 的三方交易模式转变为去中心化的点对点交易模式。其技术思路是：把通常意义上的集中式簿记分拆为约每十分钟一次的分布式簿记，簿记的权利由全网竞争选取，簿记数据按时间顺序链接起来并广播全网。任何节点均可同步网络上的全部簿记记录，均可投入计算资源参与簿记权的竞争。攻击者如果不掌握全网50%以上的计算资源，就无法攻击这套簿记（链接）系统。通过这样的设计，以前人们隔着万水千山做不到的点对点交易，现在不依赖银行等中介机构而仅靠分布式账本就可以实现。

◆区块链技术

区块链技术起源于2008年中本聪的比特币论文，目前尚未形成行业公认的区块链定义。狭义来讲，区块链是一种按照时间顺序将数据区块以链条的方式组合成特定数据结构，并以密码学方式保证的不可篡改和不可伪造的去中心化共享总账，能够安全存储简单的、有先后关系的、能在系统内验证的数据。广义的区块链技术则是利用加密数据结构来验证与存储数据、利用分布式共识算法来新增和更新数据、利用运行在区块链上的代码，即智能合约，来保证业务逻辑的自动强制执行的一种全新的多中心化基础架构与分布式计算范式。

区块链技术综合采用了密码学、分布式数据库（大规模数据存储与处理）、高性能计算与通信（P2P网络）、共识机制（分布式一致性）、智能合约等技术。

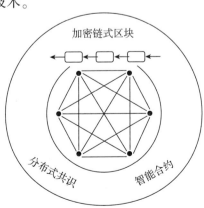

◆ 分布式账本

分布式账本（Distributed Ledger）是一种在系统参与者之间共享、复制和同步账本的新技术，没有中心记账人，存储了金融、法律定义上的实体或数字资产，资产的安全性依赖于密码学的保护，参与者通过密钥对资产行使权利。分布式账本中的每条记录都有数字签名和时间戳，使得账本成为网络中所有交易的可审计历史记录。分布式账本技术与区块链技术经常被混同使用。

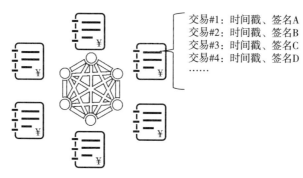

交易#1：时间戳、签名A
交易#2：时间戳、签名B
交易#3：时间戳、签名C
交易#4：时间戳、签名D
……

◆ P2P 网络

P2P 是指位于同一网络中的每台计算机都彼此对等，各个节点共同提供网络服务，不存在任何"特殊"节点。每个网络节点以"扁平"的拓扑结构相互连通。

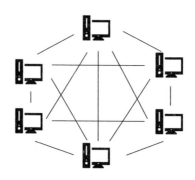

◆POW

工作量证明（Proof-of-Work，POW）是一种应对服务与资源滥用，或是拒绝服务攻击的经济对策。一般是要求用户进行一些耗时适当的复杂运算，并且答案能被服务方快速验算，以耗用的时间、资源与能源作为成本，以确保服务与资源是被真正的需求所使用。中本聪将工作量证明应用于比特币的共识机制中，用于随机选定出块人，并使得篡改记录的攻击成本变得异常高昂。

某种意义上来说，POW 机制的"工作量"相当于现代资产交易或拍卖的保证金制度，免除了随意报价，同时还确保了比特币"冠字号"的唯一性及难以篡改，这正是 POW 最奥秘和最精巧的地方。

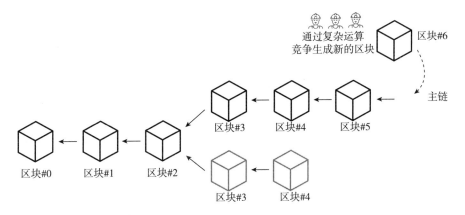

◆挖矿

在工作量证明机制中，矿工们通过反复尝试求解某种数学难题来竞争获得记账权并获得奖励，这一过程被称为挖矿。区块链基于挖矿进行分布式验证和确认，实现了去中心化条件下，对于状态转移的分布式共识。

◆ POS

权益证明机制（Proof-of-Stake，POS），主要思想是节点记账权的获得难度与节点持有的权益成反比，拥有更高权益比重的人相应有更高概率竞争获取记账权。

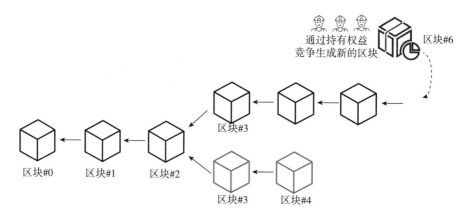

◆ 数字钱包

在数字货币系统中，钱包是私钥的容器，通常通过有序文件或者简单的数据库实现。

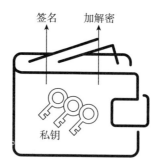

◆ 智能合约

1995 年，密码学家尼克·萨博（Nick Szabo）首次提出"智能合约"（Smart contract）概念。智能合约的概念最终在区块链上实现，是区块链上可以被调用的、功能完善、灵活可控的程序。

一定程度上，比特币协议中的脚本已具有"智能合约"的特征。但比特币系统的脚本语言存在一些缺陷，如缺少图灵完备性等。以太坊对比特币的脚本进行了扩展和提高，使得开发者创建任意的基于共识、可扩展、标准化、图灵完备、易于开发和协同的应用，任何人都可在智能合约中设立他们自由定义的所有权规则和交易方式。智能合约具有透明可信、自动执行、强制履约的优点。

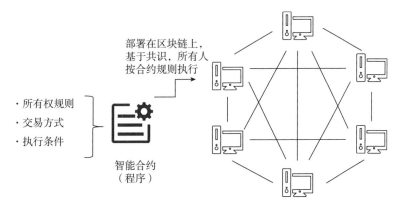

◆公有链

节点可以自由加入和退出网络，并参加链上数据的读写，运行时以扁平的拓扑结构互联互通，网络中不存在任何中心化的服务端节点。

◆联盟链

各个节点通常有与之对应的实体机构组织，通过授权后才能加入与退出网络。各机构组织组成利益相关的联盟，共同维护区块链的正常运转。

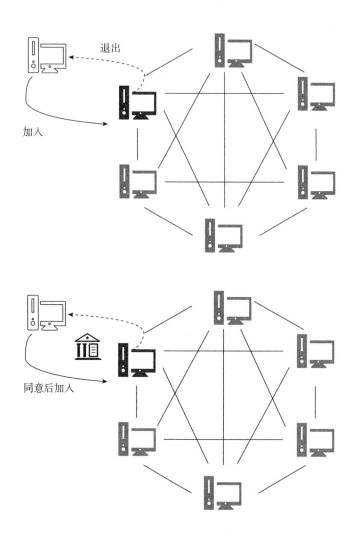